税理士
鈴木克欣
YKプランニング代表
岡本辰徳

Deep Accounting

ディープ・アカウンティング

「未来予測会計」の数字が
経営に革命をもたらす！

JN074223

SUN
RISE

はじめに

２０２０年６月、私は同志であり、親友でもある岡本社長とともに、新世代の会計を語った『５G　ＡＣＣＯＵＮＴＩＮＧ』という書籍を幻冬舎から上梓しました。

本書は、やはり岡本社長とともに、前著の続編のつもりで筆を執りました。今回のテーマは「未来予測会計」。これは過去の会計データをもとに、未来の数字を手に入れる、つまり自社の〝未来の設計図〟を手にすることで、「いま何をするべきか」が浮き彫りになる逆算思考の会計です。その詳細については、本書の序書であらためて詳しく取り上げます。

私は、日本の中小企業の可能性を信じています。現在、税理士法人ＳＨＩＰの顧問先企業の黒字化率は84％です。モニタリング開始時には赤字の企業でも、必ず業績は改善します。そのために、ぜひお伝えしたいのが「学ぶ」ということです。

50代なかばの私も、毎日必死に学んでいます。税理士だから、出版をするからという理由で学んでいるのではありません。経営者として、税理士法人ＳＨＩＰの社員を守るために学んでいるのです。大人である経営者が歯を食いしばって学べば、日本の中小企業は必ず大きな利益を生み出します。未来を勝ち取るための大きな武器は、知識であり、経験です。可能性を形にするためには、経営者に限らず多くの日本人はもっと学ばなければならない、と私は思います。

また、本書は経営者だけでなく、若手の税理士や会計事務所、金融機関で働く方々にも読んでいただきたい一冊です。この本に書かれた「会計の力」を信じていただいたとき、現在のみなさんと「会計」との距離はいかがでしょうか？　もし、そこにギャップを感じたのであれば、それこそが可能性です。私たち会計人の使命は、日本の中小企業の業績を改善することにあります。会計事務所と金融機関が手を組み、中小企業の伴走支援を実現できたとしたら、中小企業で働く約7割の日本人の給与水準を引き上げることができます。「会計の力」はそれだけの可能性を持っているはずです。ぜひ「わからないこと」を怖がらず、ぶつかって行ってほしいと思います。挑戦の結果として手にする「成果」は、きっと何倍にもなって返ってくるはずです。

私が本書を書いた目的は、ここに書かれている内容が特別なことではなく、数年後の日本において「当たり前」になっていてほしいという想いからです。黒字企業は全体の約3割という現状を脱却し、日本の7割から8割の中小企業が利益を出している。経営者は資金繰りに時間を取られることもなく、社員は自信を持って働き、利益に貢献している。金融機関は、常に企業の業績を入手できるインフラが整い、企業が挑戦するための融資を実現することで、潤沢な資金を提供している。会計事務所はDX化により信じられないほど働き方が変化し、経営者から真っ先に相談される立場になっている。そんな数年後を想像しています。現在の日本において、まだまだ活かし切れていない「会計の力」を武器にできれば、十分に実現できる未来です。

岡本社長の株式会社YKプランニングが開発した経営支援クラウド〝b:x:id（ビサイド　※詳細は第2章を参照）〟は、その登場以来、驚くべき「進化」を遂げてきました。まさしく、私が想像していた以上の進化です。そのb:x:idの進化に置いていかれないように、私も必死で食らいつき、コロナ禍という厳しい環境のもと目の前のクライアントをサポートしたい一心で中小企業のための「管理会計」を追求し、組織や人としての「あるべき姿」を深掘りしてきました。「選択」を迫られる毎日のなかで、「正しい選択」を継続することは簡単ではありませんが、私が数年前に岡本社長と出会い、b·i·x·idを決断したあの日の「選択」は、いまでも正しかったと断言できます。

税理士であり、MBAホルダーである私も50歳の坂を越え、「いい年齢」になってきました。「いい年齢」とは、好きなことを好きと伝え、間違っていることを間違っていると伝えることができる、そんな年齢です。「自分に正直に生きている」という実感のある年齢だと言えます。私はいまの仕事に楽しく向き合いながら、日々挑戦を続けています。税理士という仕事に誇りを持っています。だからこそ、私が見ている「視界」を税理士法人SHIPの全員と共有したい。日本全国の中小企業、会計事務所、金融機関の方々とも、その「視界」を一緒に見たい、と考えています。そして必ず共有できると思っています。なぜなら、それを強く望んでいるからです。強く望んだことは、必ず実現できる――私はそう信じています。

SHIPグループ代表社員税理士　鈴木克欣

CONTENTS

第2章 会計はここまで進化した！ 69

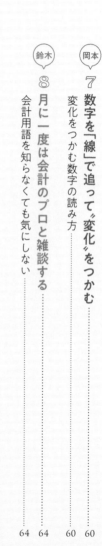

第3章 利益3000万円への道 ～成功事例集～

序章

「未来予測会計」とは？

「未来予測会計」は未来の設計図

SPEAKER 鈴木

「財務会計」と「管理会計」

「未来予測会計」を語る前に、まずは代表的な会計制度である「財務会計」や「管理会計」との違いについて簡単に押さえておきましょう。

会計と言えば、一般的に多くの方がイメージするのは「財務会計」ではないでしょうか。財務会計の目的は、損益計算書（P／L）、貸借対照表（B／S）やキャッシュフロー計算書（C／F）などの財務諸表を作り、外部に向けて情報開示をすることです。財務諸表を見れば、その会社がどれだけお金を稼ぎ、どれだけお金を持っているかがわかります。

実際に、外部の人間（おもに投資家や銀行などのステークホルダー）は、開示された財務諸表をチェックして、実際にお金を貸すかどうか、株を買うかどうかなどを決めています。つまり、**財務会計は会社の外にいる人のための会計**というわけです。

一方、管理会計では、外部に情報を開示することはありません。そのため、財務会計で求められるような厳格なルールに縛られることなく、それぞれの会社が独自に数字や指標を算出します。その目的は、社内の各部門の要請に応じた情報をタイムリーに提供し、最終的に経営者が的確な経営判断を下すことにあります。したがって、**管理会計は会社の中にいる人のための会計**と言えます。

✓ 経営者の安心感を生む未来予測会計

これらを踏まえて、「未来予測会計」を一言で表現するなら、**経営者が安心感を得るための会計**です。

たとえば社会に貢献したい、社員を豊かにしたい、がっつり儲けて豪遊したい、とにかく現状のままキープしたいなど、経営者が目指す目標はさまざまですが、すべての経営者にとって、不透明な未来というのは大きな不安材料です。決算報告書を隅から隅まで、穴が開くまで読み込んでも、未来がどうなるかはわかりません。なぜなら、そこに書かれているのは、すべて過去の数字だからです。

では、もし確度の高い未来の数字が手に入るとしたら？

一般的には、その数字が良ければほっと胸をなで下ろすでしょう。一方、良くない数字が出てきた場合、経営者の不安はさらに大きくなるかというと、じつはそうではありません。

経営者にとっては、**不透明で予測不能な未来が怖い**のであり、それが漠然とした不安を生み出します。

だから、たとえ悪い数字を突きつけられても、その精度が高ければ現状の問題点や課題、乗り越えるべき壁が明らかになり、「次に何をやるべきか」が把握できるのですから、逆に大きな安心感につながるのです。

また、財務会計の数字は、いずれも過去のデータの集合体ですが、管理会計はもともと会社を未来の目標へと導くために作成されることが多いため、はじき出された〝未来の数字〟には、一定の信頼性が担保されています。その上で、管理会計の精度を幾段階もレベルアップしたものが未来予測会計である、とイメージしてください。

会計の系譜という視点で見ると、未来予測会計は管理会計の進化版という位置づけのため、あくまでも管理会計の知識がベースとなります。ただし、過去のデータを詳細に分析して得られる未来予測会計の数字は、精度の高さにおいて従来の管理会計とは一線を画していると断言できます。

正確な数字をはじき出す〝未来の設計図〟

一般的な「経営計画」という言葉も、未来予測会計と似たような文脈で使われることがありますが、こちらはまったくの別物です。

経営計画は、往々にして「こうなればいいな」とか「こうしたい」など、いわゆる経営者の希望的観測も含まれていますが、未来予測会計では、たとえば売上を増やしたり、利益を出したり、人を増やしたりといったポジティブな内容を、〝実現可能な計画〟という現実的な形でしっかりと組み立てます。その結果、予測した数字はほぼその通りに実現できる、というのが私（鈴木）の実感です。

また、未来予測会計では、一般的には予想が難しいとされる売上でさえも、ある程度正確な数字を予測できます。もし予測通りに進んでいない場合、その原因を探っていくと、そのほとんどは予測不能な外的要因か内的要因のいずれか、もしくはその両方がギャップを生んでいることがわかります。たとえば、大きな災害や優秀な社員の離職など、「予測通りに進まなかった原因」が誰の目にも明らかで、かつ回避不能な出来事にほぼ限定されるのです。

以上のことから**未来予測会計を一言で表せば、まさに未来の設計図なのです。**精度の高い設計図であればあるほど、思った通りに未来が進んでいくので、ますます経営者の安心感は深まっていくというサイクルが生まれるというわけです。

財務会計 ＝ 会社の外にいる人たちのための会計

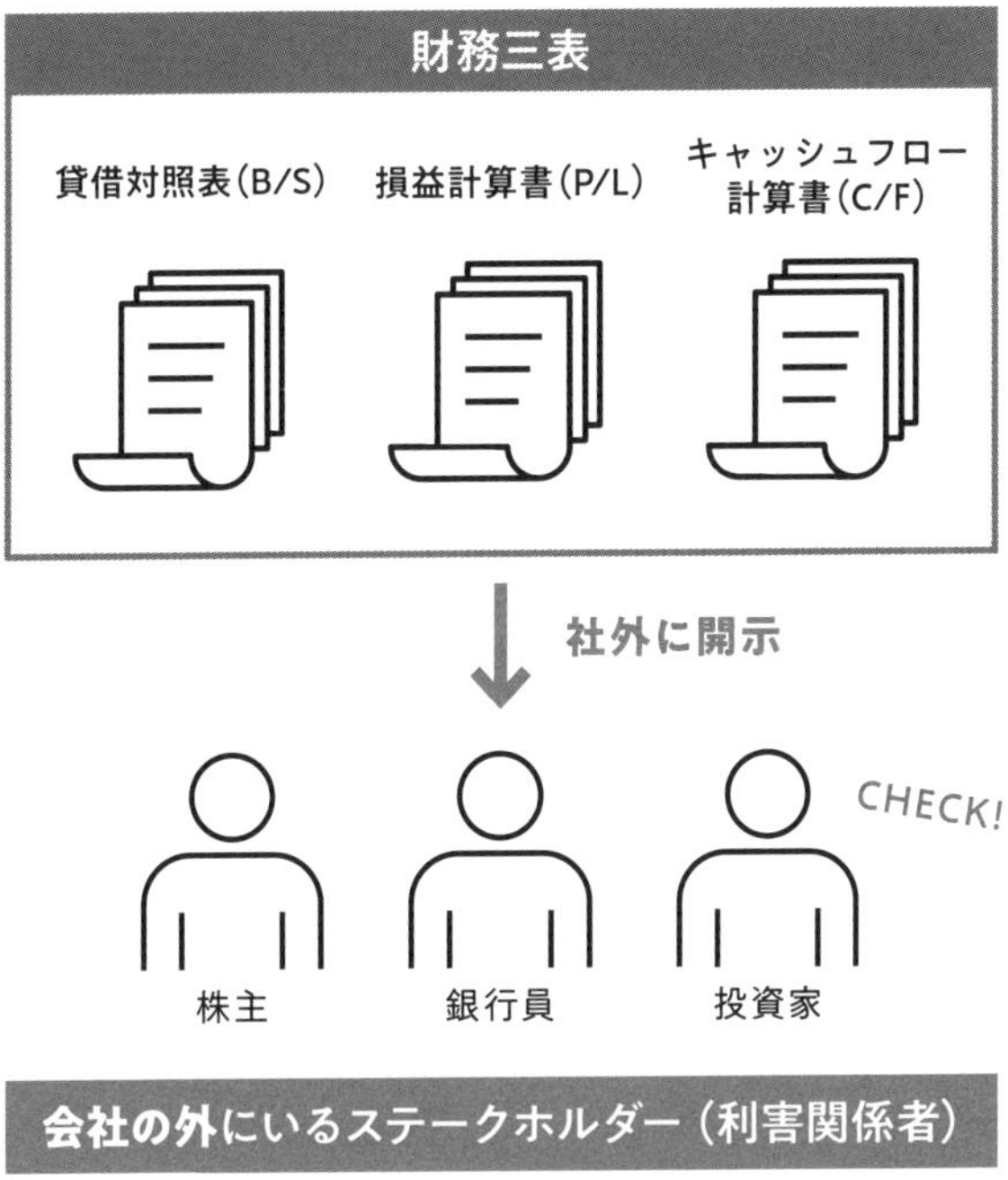

管理会計 ＝ **会社の中にいる人たちのための会計**

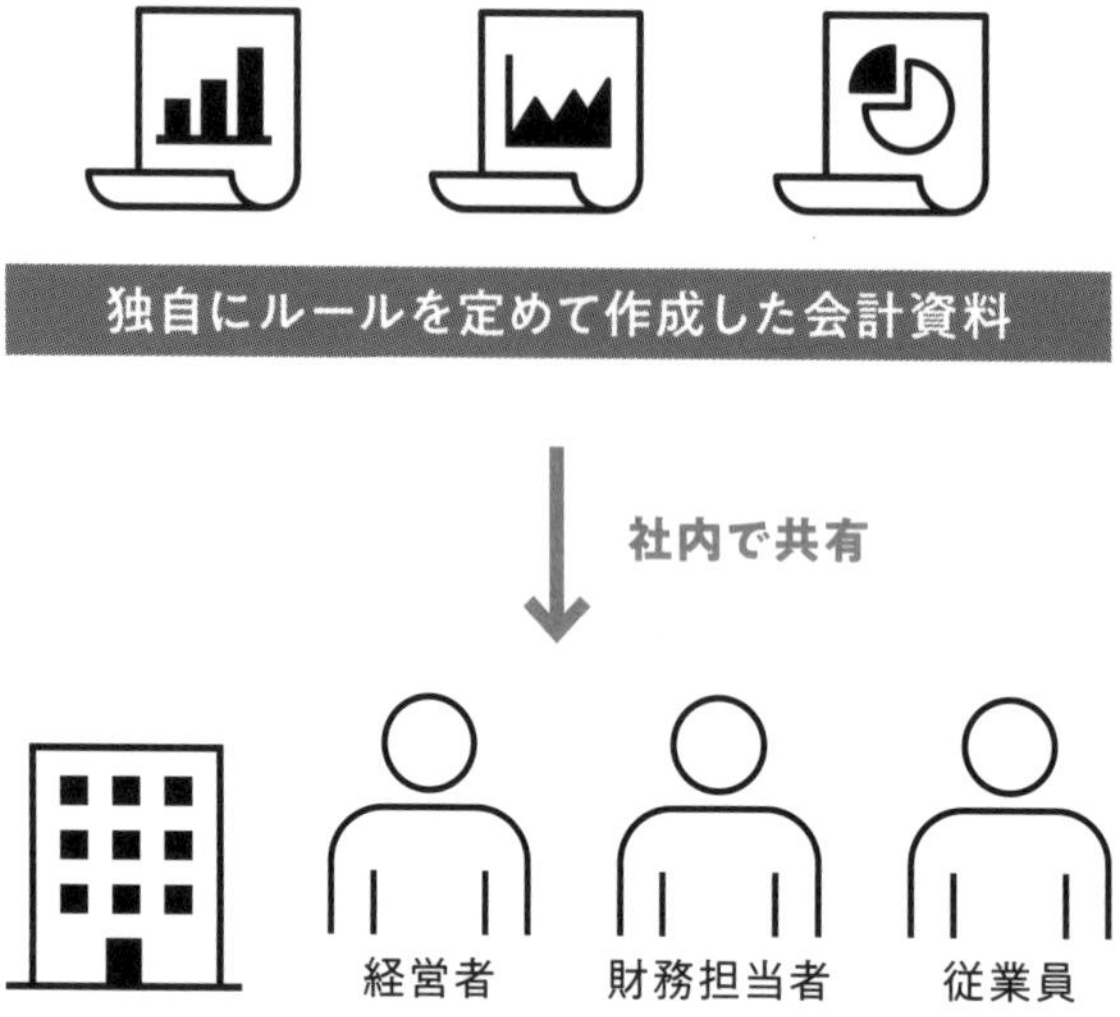

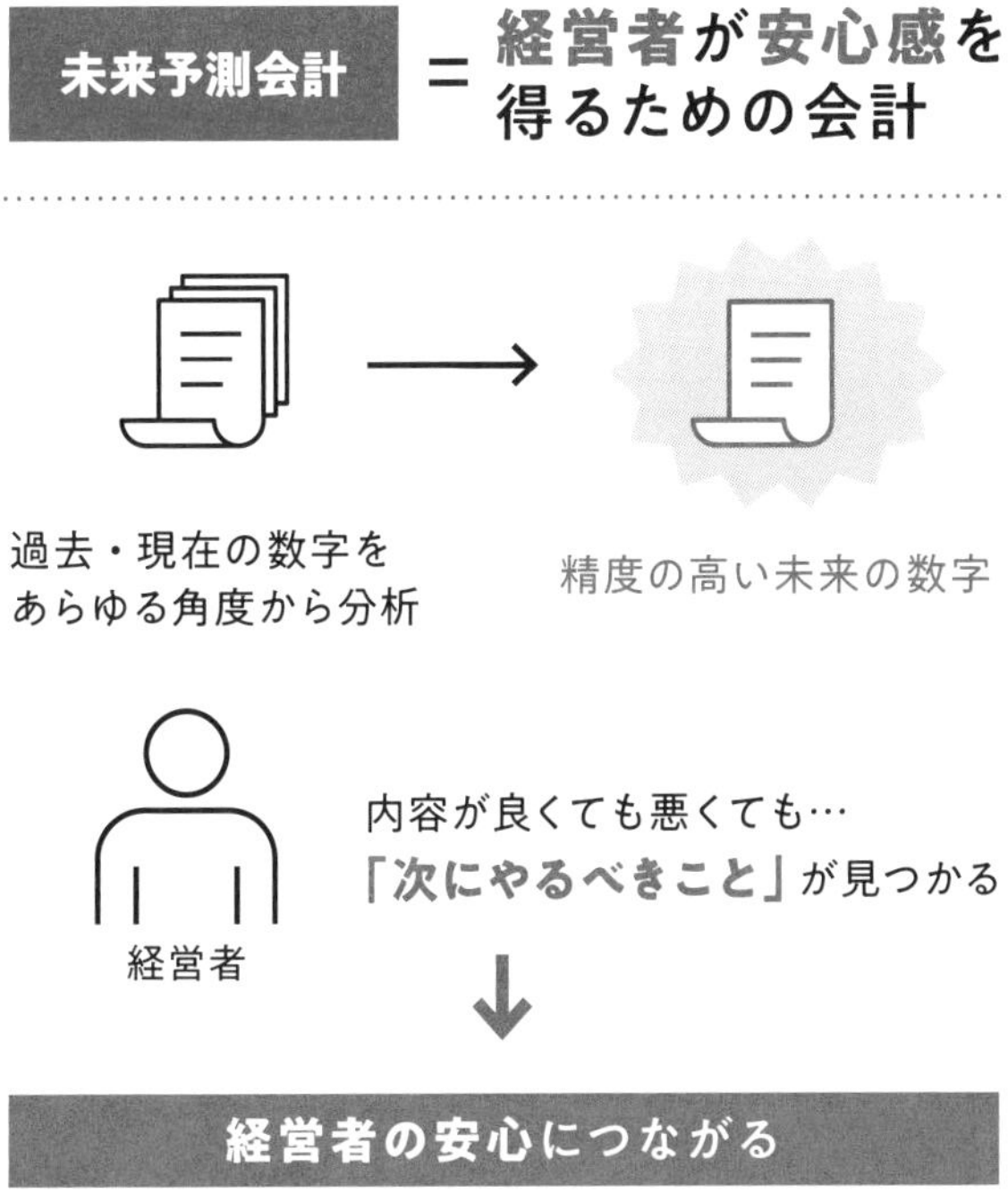
未来予測会計
＝経営者が安心感を得るための会計
過去・現在の数字をあらゆる角度から分析
精度の高い未来の数字
経営者
内容が良くても悪くても…
「次にやるべきこと」が見つかる
経営者の安心につながる

経営計画

数字の裏づけが薄いため実現性に乏しい…

↓

希望的観測の域を出ないことが多い

世の中の変化のスピードに適応する会計

未来予測会計を日々実践していると、「ＰＤＣＡ」という言葉を自然と使わなくなります。ＰＤＣＡは、もともと生産管理や製品の品質改善のために生まれたフレームワークですが、多くの企業がさまざまな業務活動を管理・改善するために採用しています。ただし、比較的長いスパンをかけて取り組むことで効果が得やすいという特徴があるため、変化の速い現在のような世の中では、とくに「チェック（Check）」と「アクション（Action）」が機能しづらい、などとよく言われます。

未来予測会計では、正確な設計図を手に入れるための「計画（Plan）」の捉え方が変わります。変化の速い現在においては、単年度計画（1年計画）が中心となります。12カ月後の決算に向けて、〝実現可能な〟計画（Plan）を組み立てながら、かつ毎月ブラッシュアップしていく前提で作成するのです。つまり、計画作成の段階で、あらかじめ見直すことを考慮しているわけです。しかも、経営支援クラウドｂｉｘｉｄ（ビサイド※第2章を参照）では、「計画（Plan）」をほぼ自動で作成できるようになっているため、これまでの計画作成にかかる時間が圧倒的に削減されました。

この結果、検証という意味の「チェック（Check）」や、その結果を受けた改善行動である「アクション（Action）」も必要ではなくなります。私の場合は、それらの代わりに、**設計図通りにうまく進んでいるかを見守るという意味で「モニタリング」というキーワードをよく使う**ようになりました。

また、近ごろ話題の「OODA（ウーダ）ループ」というフレームワークも、未来予測会計との親和性が高いと言えます。OODAループには、「観察（Observe）」「仮説構築（Orient）」「意思決定（Decide）」「実行（Act）」の4つのプロセスがあります。もともと「計画（Plan）」のフェーズが省略されている分、PDCAよりもはるかに速いサイクルで回していくことができるのが特徴です。

OODAループを未来予測会計の現場に用いる場合、たとえば月に一度の定期ミーティングでは定例的な打ち合わせにとどまらず、クライアント企業の都合で数字を上方修正したり、逆に数字を下方修正して一カ月間だけ様子を見てみたり、「もっとこうしてみよう」と新たな取り組みを立ち上げたりと、**当初の計画にはなかった事案が発生し**

ても、経営者の希望に合わせて臨機応変に素早く対処できるというメリットがあります。

✓予測不能な変化にも対応可能

このように、一般的な管理会計をベースにして旧来のＰＤＣＡサイクルを回しているだけでは、世の中の変化のスピードについていけず、確実に遅れが出てしまいます。課題に対する検証・改善のサイクルを、どんどん短くしていかなければ追いつかない。ＳＤＧｓなどを見てもそうですが、世界の潮流を踏まえると企業活動は国内だけを見ておけばいいという時代ではなくなってしまったからです。

では、未来予測会計はどうか。数字の精度をどんどん高めていけば、あとはモニタリングに徹していればよいのですから、**現在のような変化の速い社会環境にあっても十分に対応することができる**と断言できます。

しかし、企業活動を生身の人間が続けていく以上、予測不能な事態を完全に排除することはできません。もちろん、未来予測会計の数字であっても、スタート時に作成したビジョンと現実の数字に大きなギャップが生まれることは当然あり得ます。

モニタリングの時点で大きくズレが出る場合というのは前述の通り、**外的要因と内的要因**の2つに大別することができます。

たとえば、コロナ禍というのがまさに外的要因です。あるいは、世界のどこかで勃発する大きな紛争などもそうでしょう。実際に起きてしまえば「こんなことが現実に起きるんだ」と、私たちはただ立ち尽くすしか手がなく、実際に多くの企業がたいへんなダメージを被るという事態、いわゆるテールリスクです。

一方、内的要因の典型的な例は、やはり離職です。とくに集団退職や有能な従業員の離職は、時に企業を大きなリスクにさらすでしょう。実際に、現在の日本では従業員がすぐに辞めていくことに、多くの経営者が悩んでいます。これは日本独特の事情なのかもしれませんが、その大きな理由の1つは意識の低下にあると考えています。

経営者自身は、世の中の変化のスピードについていって売上を増やそう、利益を増やそう、組織を大きくしようと日夜努力していても、残念ながら多くの日本人がついていていけていないというのが現状です。つまり、日本人が自分自身を時代に合わせてカスタマイズできていない。だから不満がたまる。そして会社を辞めてしまう。もっと言うと、このような人はおそらくどの会社へ行っても同じことを繰り返すことが予想されます。

こうした問題に対してＰＤＣＡを回して解決を図ろうとしても、おそらく無理でしょう。「何かが起きてから内容を検証し、対策を講じて解決を図る」のがＰＤＣＡである以上、いまの時代に追いつくことは難しいのです。

翻って、未来予測会計では、すべての事態を想定しておきます。なかには「言われなくても最悪の事態は常に想定している」とおっしゃる経営者もいるでしょう。ただ、**未来予測会計では、最初に数字をはじき出す時点で、あらかじめその可能性を組み入れておく**のです。現実に起きて欲しくないテールリスクでさえ、「このような事態は十年周期で訪れるもの」という前提で数字を捉えておく。そうすることで、何が起きたとしてもすべてを想定内に収め、その後の対応も粛々と進めることができるようになります。それが従来の会計制度との大きな違いです。

PDCAサイクル

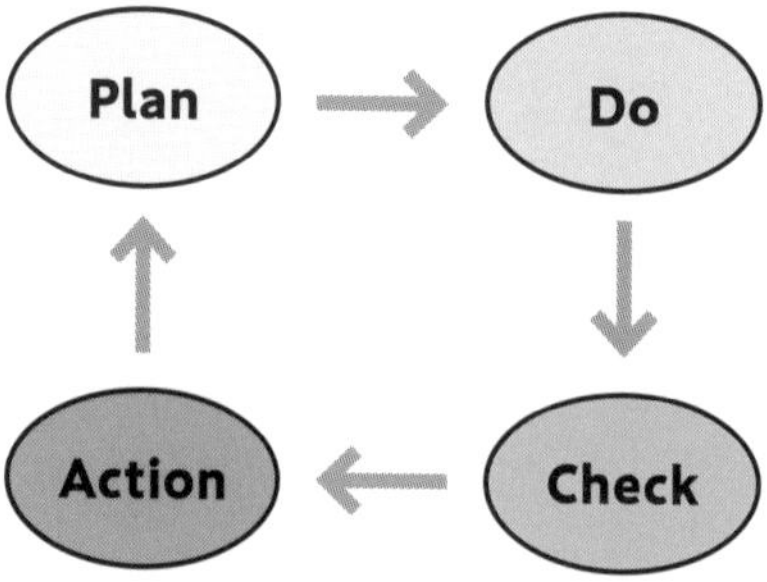

メリット　「Plan（計画）」をうまく進めるには最適

デメリット　「Check（検証）」→「Action（改善）」のサイクルに時間がかかる

想定外の事態に弱い

未来予測会計では…

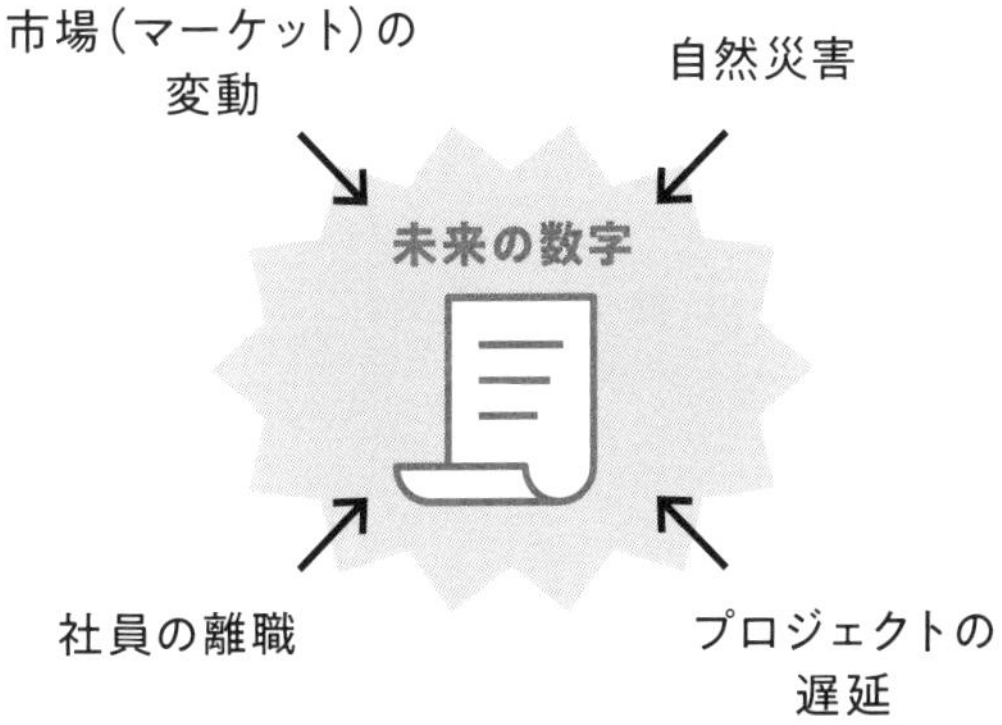

あらゆる事態を想定して
数字に落とし込んでおく！

✓数字の向こう側に未来の自社の姿が見えてくる

未来予測会計は、「経営者が黙っていても赤字が黒字に変わる」といった類いの魔法のような話ではありません。**最終的に経営課題を解決するのは、もちろん経営者の仕事になります。**

はじめに、未来予測会計の視点で分析し、はじき出した数字（設計図）をクライアント企業にしっかりと理解していただく。こちらからは、実際の企業活動を会計の数字と絡めながら「このポイントを押さえていきましょう」とアドバイスを提供しますので、一つずつ実行していただく。その上で、細かいすり合わせを毎月重ねていけば、たとえば「おそらく1年後には、この未来予測会計通りの未来にたどり着くだろう」といった鮮明なイメージを描くところまで、すでに自分のなかにパターンとしてできあがっています。

ではここで、未来予測会計を初めて導入する流れをイメージしていただくために、少し具体的なケースを取り上げます。対象となるのは、平均年齢が28歳、代表も30代前半という若い会社ですが、前期と前々期がそれぞれ1000万円ほどの赤字が出ていたあるクライアント企業です。

まずは過去4年分の決算書のデータを受け取って分析したところ、「この部分とこの部分をこの1年間でクリアできれば利益が出るだろうな」ということが、すぐにわかりました。

そこであらためて計算し直してみると、現在のボトルネックを解消するだけでなんと1500万円ほどの利益が出るという結果が出たのです。

ちなみに、このクライアントは本書執筆時点（2024年6月）ではまだ最終的な結果こそ出ていませんが、黒字化に向けて着実に成果と数字を積み重ねていることをお伝えしておきます。

なお、このケースでは、経営者を含む若い幹部の方々が、とにかく一人ひとり真剣に会社の未来像について考えていました。KPI（Key Performance Indicator ※第1

章の57～59ページであらためて取り上げます）を設定して全員で共有し、当然のように
それを努力目標として掲げていたのです。

明確な目標がある。

情報を全員が共有している。

一人ひとりの課題や進むべき方向もわかっている。

従業員のモチベーションは、とりわけ高い。

このように人的資源の状況を整理すると、黒字化に必要な要素は十分にそろっていたのです。それでも二期連続で赤字に終わってしまった。どのようにして自分たちが投資したお金を回収していけばよいのかがわからなかった。

では、彼らに足りていなかったのは何だったのか。

それはちょっとした管理会計の知識とスキルです。

「貸借対照表のポイントはここですよ」

「損益計算書はここ」

「キャッシュフロー計算書ならここを見てください」

「利益というのは、こうやって出していくんですよ」

　こうして実際に出てきた数字を前に、管理会計の初歩的な知識をもとに押さえるべきポイントを毎回彼らにレクチャーするのが私の仕事です。すると、打ち合わせを重ねるにつれて「貸借対照表がこうなっているから、借入金の額は適性だ」「いま資産がこのくらいあるから、このくらいの利益を目指そう」といったように、少しずつスキルが身についていきます。


　やがて「貸借対照表から逆算すると、これだけの利益を出さないといけない」「その利益を出すには、粗利の限界利益率を上げなくてはいけない」「そのためには顧客単価を◎◎◎◎円に設定しなくてはいけない」と、**管理会計の基礎として学んだ知識が一本の線としてつながり、数字の向こう側に未来の自社の姿が見えてくるのです。それがつまり、未来の設計図なのです。**

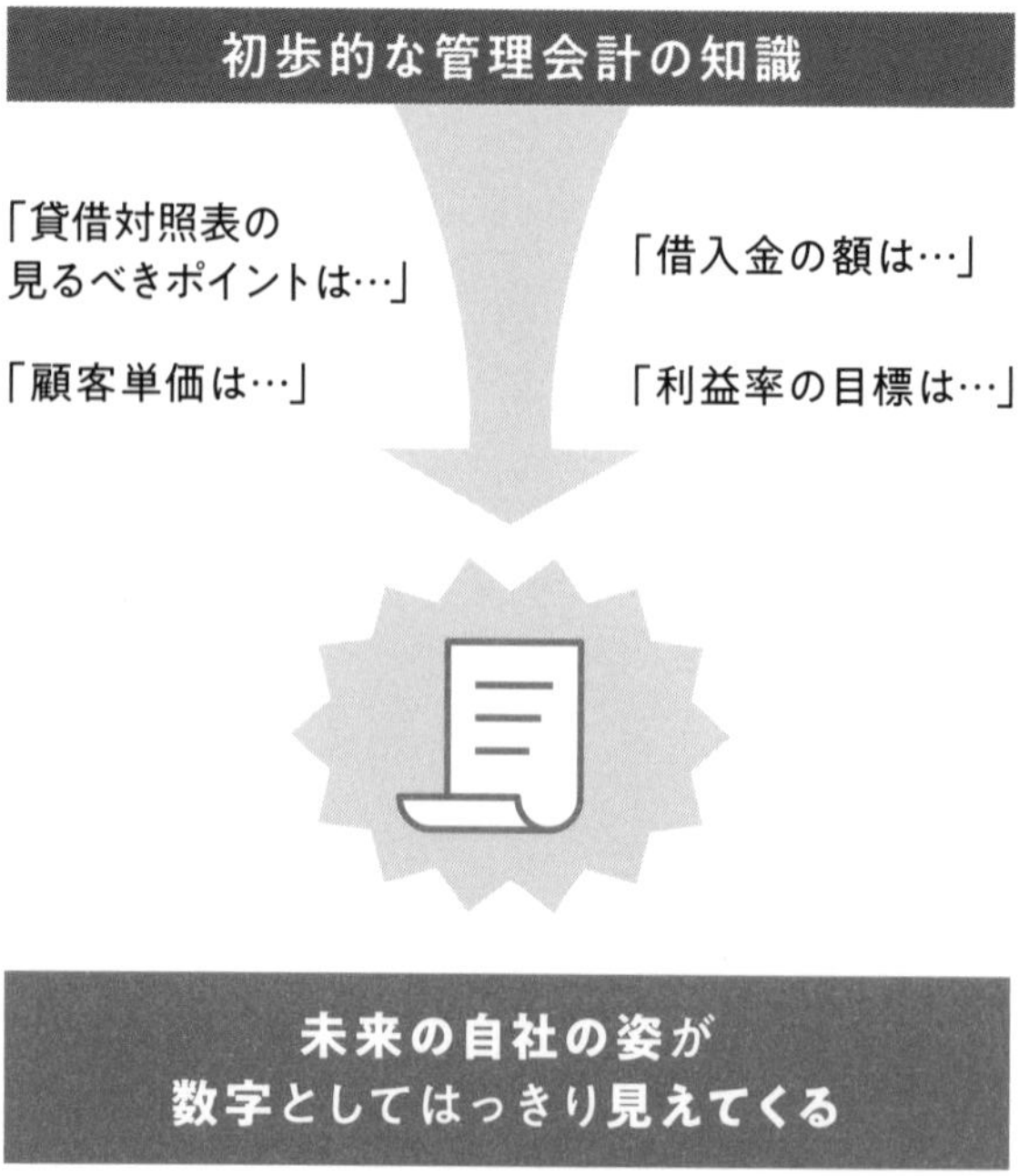
初歩的な管理会計の知識
「貸借対照表の
見るべきポイントは…」
「借入金の額は…」
「顧客単価は…」
「利益率の目標は…」
未来の自社の姿が
数字としてはっきり見えてくる

未来予測会計の導入に欠かせないもの

前出のようなケースを見る通り、未来予測会計は会計事務所などのプロフェッショナルによる伴走ありきの状態をデフォルトとしています。では、会計のプロによるサポートが得られなければ、未来予想会計を導入することはできないのでしょうか。

答えは、ノーです。

経営者ご自身、あるいは会計担当者に、管理会計の知識を学ぼうとする強い意志さえあれば、未来の設計図を手にすることは不可能ではありません。

管理会計に精通した会計事務所がサポートに入る理由は、端的に言って時間を短縮することにあります。仮に、経営者が自ら学び、プロの手を借りずに経営課題を解決していくと、ひょっとしたら目標到達までに2年、3年、いやそれ以上かかるかもしれない。その途中で有能な従業員が辞めたり、材料が高騰して仕入れ原価が利益を圧迫したりと、想定外のことが起きて状況が一変する可能性だってあります。

企業活動を行うなかでは、このようにいろいろな〝壁〟が訪れますが、27ページで少し触れた通り、会計のプロフェッショナルたちは、内的要因・外的要因ともに経営上のあらゆる事態を経験し、あるいは想定していますので、難なくクリアできるでしょう。したがって、会計のプロに外注した場合、たとえば自力でやろうとすると3年、4年かかってしまうような計画が、半年、長くても1年と、貴重な時間をぐっと圧縮できるという圧倒的なメリットがあるわけです。

その上で、未来予測会計を導入する場合は、会計のプロによるサポートに頼るかどうかにかかわらず、最低限これだけは必要という要素が2つあります。

1つは、**会計の習慣化。**

もう1つは、**初歩的な管理会計の知識とスキル。**

いきなり難しいことは考えなくてもOK。まずは会計の数字との距離を縮めることから始めましょう、ということです。

次章では、会計との距離が離れてしまっている経営者を対象に、最初の段階で知っていただきたい、あるいは身につけていただきたい考え方や習慣を紹介します。

なお、この2つを同時に、しかも誰でも簡単に実現できてしまう最強のツールが、すでに世の中に登場しています。それが、**本書の共著者である岡本氏が代表を務める株式会社ＹＫプランニングの「b·i·x·i·d（ビサイド）」という経営支援クラウド**です。

このb·i·x·i·dを未来予測会計のパートナーとしてうまく使えば、経営課題の解決や目標の達成を強力にアシストしてくれることは間違いありません。その衝撃のパフォーマンスについては、第2章であらためて詳しく取り上げます。

未来予測会計に
最低限必要なのは2つだけ

会計の習慣化	初歩的な 管理会計の 知識・スキル

したがって…

まずは数字と
仲良くなることから始めればOK！

第1章

数字に強くなる思考と習慣

～鉄板ポイント８選～

会計力強化の処方箋

SPEAKER 鈴木

✓今日からすぐにでも始められる思考と習慣

序章の最後でお話ししたように、未来予測会計に最低限必要なのは、「会計の習慣化」と「初歩的な管理会計の知識・スキル」です。会計の専門書や解説書、小難しい専門知識などは、この段階ではまったく必要ありません。その代わり心がけていただきたいのが数字と仲良くなる、つまり会社の数字と接する頻度を上げることです。

そうは言っても、何から始めればよいのかわからない、という方もいらっしゃるでしょう。そこで本章では、「数字に強くなる思考と習慣」と題して、最小の努力で最大の効果が出せる8つのポイントを取り上げますので、ぜひ参考にしてください。

1　1日10分！ 毎日会社の数字を眺める

SPEAKER 鈴木

毎日眺めて会社の小さな変化を捉える

会社の数字をじっくり眺めるのは月に一度だけ、あるいは四半期ごとや決算時だけという経営者も少なくないと思います。ところが、それでは未来予測会計の導入どころか、経営を安定させることも難しくなります。会社を大きく変革させるためにも、まずは「数字は毎日追うべきもの」という意識に変えてください。

会社は生き物ですから、数字は毎日変わります。はじめは一日10分で構いません。目的は、**現状の生きた数字を知り、毎日の変化に気づくこと**です。小難しい会計の専門知識などは、この段階では必要ありません。勘定科目なんて、ぜんぜん知らなくてもまだ問題はない。本当に数字をただ眺めるだけで大丈夫。安心してください。

では、なぜ1日10分で会社が変わるのでしょう。

それは会社の小さな変化に気づくようになるからです。

企業活動の結果は、数字にはっきりと表れます。たとえば社会保険料が急激に増えていたり、サブスクの年間経費の請求が来ていたり。そういった〝生きた数字〟を毎日つかむようにしてください。毎日数字を追うことでわずかな変化を見逃さず、迅速に改善策を打つことが、必ずできるようになります。


1日10分。

この習慣を続けていくことで、**次に打つべき手が自然と見える**ようになってくるでしょう。そしてこれこそが、「未来予測会計」導入への第一歩となるのです。早くて半年。遅くても一年後には、未来の数字を一定の確度をもって予測できるようになっているはずです。

1日10分！
会社の**数字**を**毎日チェック**する

やがて
毎日の変化に
気づくようになり…

次に打つ手が自然と見えてくる

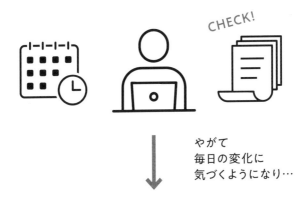

2 経費トップ10をダイエットする

SPEAKER 岡本

数字を眺めるだけでコスト意識が芽生える

経費の詳細な数字を見ているだけで、コスト削減に成功する可能性がぐんと高まると言ったら驚くのではないでしょうか。ただし、経費のなかでも人件費だけは占有率がとりわけ大きく、別の考え方が必要になるので、ここでは「人件費を除いた経費トップ10」に絞って解説します。

たとえば、ダイエットを始めるとして、体重計に毎日乗っているだけで自然と体重が減っていく、という話を聞いたことはないでしょうか。

「食べたいものを食べて痩せる！」や「我慢しないカロリー制限！」といった魅力的な言葉に踊らされるよりも、ずっと手軽で、しかも効果的に体重を落とすことができてしまう。その秘密は、体重を意識するようになったことで、太るような行動を自然と避けるようになるからです。

これは会社の経費を減らしたい場合にも、同じことが言えます。経費の詳細を毎日チェックすることで、**無意識のうちにコスト削減の意識が芽生える**わけです。毎日眺めていれば、不自然に増えた数字に対して自然と意識が向くようになるし、何より比較的大きな金額を占める経費を順番に見ていくことで、「なぜ◯◯が増えているのか？」「△△にこんなに使っていたっけ？」という気づきが出てきます。あるいは、「この勘定科目には、こういう経費が入っているんだ」と、会計の知識やスキルも身につけることができるようになるでしょう。

経営者が会計と距離を置いている場合、知らない間に無駄な経費が蓄積されていることは珍しいことではありません。とくに年間売上が５０００万円を超える規模の企業では、経理業務を他者に委託していることが多く、経営者自身が経費の詳細を見ていないケースがほとんどでしょう。

経費の管理が不十分だと、たとえば5年前から毎月支払っているサブスクリプションサービスが、使用頻度がガクンと落ちた現在もそのまま放置されていた、なんてこともよくあると思います。費用対効果で考えると、明らかに優先順位が低いのに経費トップ10にランクインしているような項目を発見した場合は、さっさとカットして経費のスリム化を図ってください。

経費をダイエット！

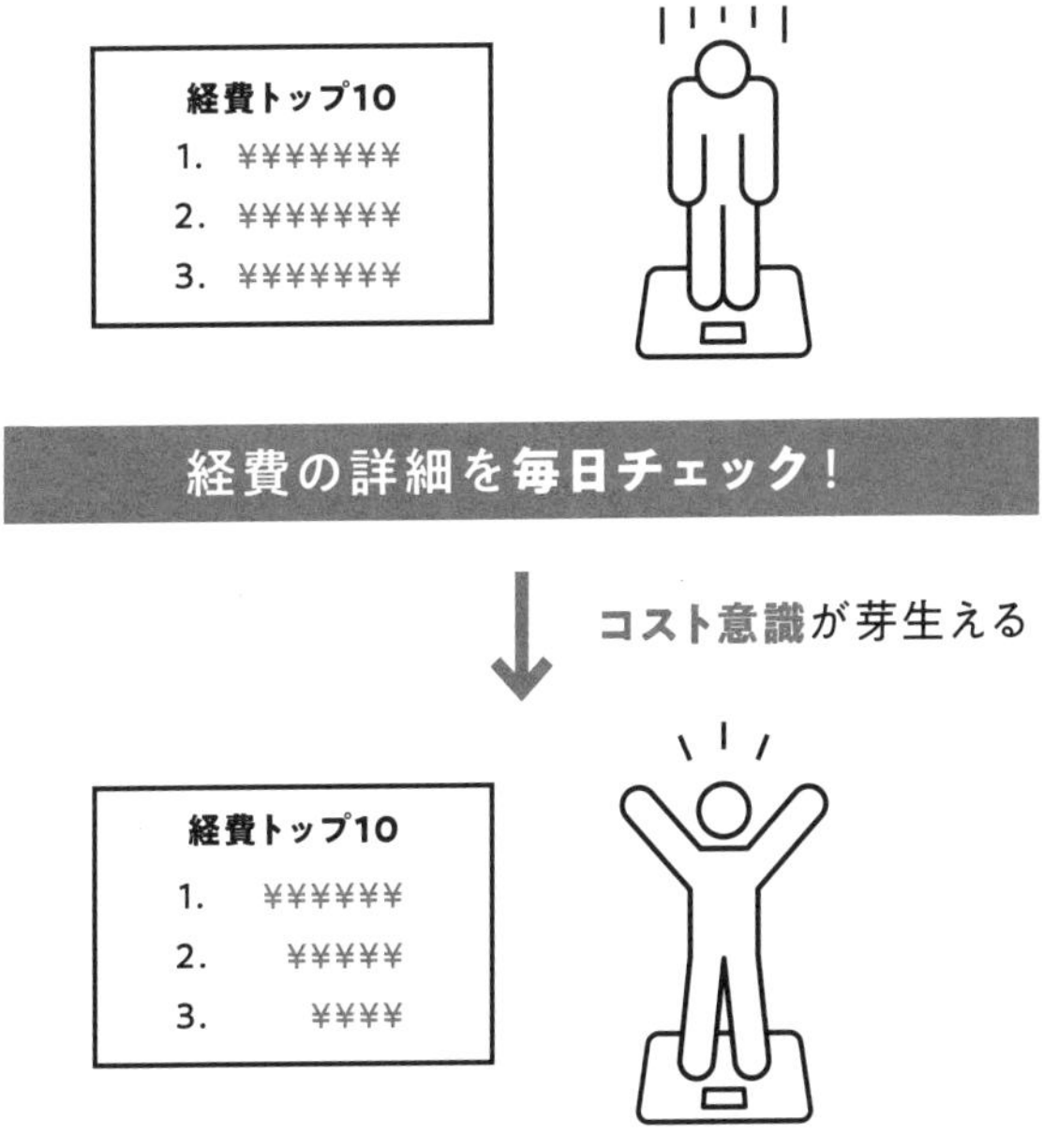
経費トップ10
1. ¥¥¥¥¥¥¥
2. ¥¥¥¥¥¥¥
3. ¥¥¥¥¥¥¥
経費の詳細を毎日チェック！
コスト意識が芽生える
経費トップ10
1. ¥¥¥¥¥¥
2. ¥¥¥¥¥
3. ¥¥¥¥

3 売上の数字は下がってもOKと割り切る

SPEAKER 鈴木

売上よりも圧倒的に重要なのは利益率

多くの企業は、いまだに「売上」の数字にとらわれすぎているように感じます。これはもう、昭和の時代から続く呪縛のようなものですからある程度は仕方がないのですが、令和の会計で重視すべき数字は圧倒的に粗利益、つまり利益率です。

たとえば、大きな売上が見込める新規の仕事が舞い込んできたり、あるいは長年続いている大口の仕事であったりしても、利益率が極端に低い場合は、その穴埋めのために従業員の時間外労働が増え続け、ついには人がどんどん辞めていくといった結果を招きかねません。そんな仕事にいつまでもしがみついているようでは、いずれ会社は大きく傾いてしまうでしょう。

安定した黒字を生み出すため、そして何より従業員を幸せにするためには、**「売上が減っても、粗利が増えればよし」と経営者自身が思考をアップデートさせる**必要があるのです。

もちろん、売上を増やすことが悪いと言っているわけではありません。多くの企業にとって、基本的に売上は増えたほうがよいのは間違いないからです。ただし、売上のなかには利益率を上げる「良い売上」と、利益率を損なう「悪い売上」があるという事実を忘れてはいけません。

ど根性の営業一本槍ではなく、SNSをうまく活用するなど、アイデア次第でコストをかけずにモノを売ることもできる令和の時代、すべての経営者は「良い売上を増やす」という方向に舵を切るべきだと思います。

売上の数字は
利益率とセットで見る

◎良い売上… 利益率UP↑

×悪い売上… 利益率DOWN↓

4 利益は最初に確保する

SPEAKER 岡本

逆算思考で経費をコントロールする

「必要経費がかさむせいで、利益がなかなか手元に残らない」と嘆く経営者の姿をこれまでたくさん見てきました。残念ながら、このような足し算方式の経営思考をいつまでも続けていては利益が安定することはなく、それどころかいずれ会社を大きなリスクにさらすことにつながりかねません。

決算のたびに経費の増減に振り回されるような会計は、もうやめましょう。常に安定した利益を生むためにも、**売上の数字が出た時点で、まずその10％を経常利益として確**

保すると宣言してください。つまり、逆転の発想です。すると残りの90％に収まるようにするにはどうすればよいか、という逆算思考が働くようになります。

戦略も何もなく、「利益が出たらいいなあ」というただの願望だけなら、「痩せたらいいなあ」という失敗確率１００パーセントのダイエットと一緒です。

「痩せたらいいなあ」ではなく、「痩せる」と決めてまわりに宣言する。経営でも同じように、最初から「ここまでを利益にする」と宣言してから経費をコントロールする。その逆算思考を可能にするのが、未来予測会計の力なのです。

利益を最初に確保する

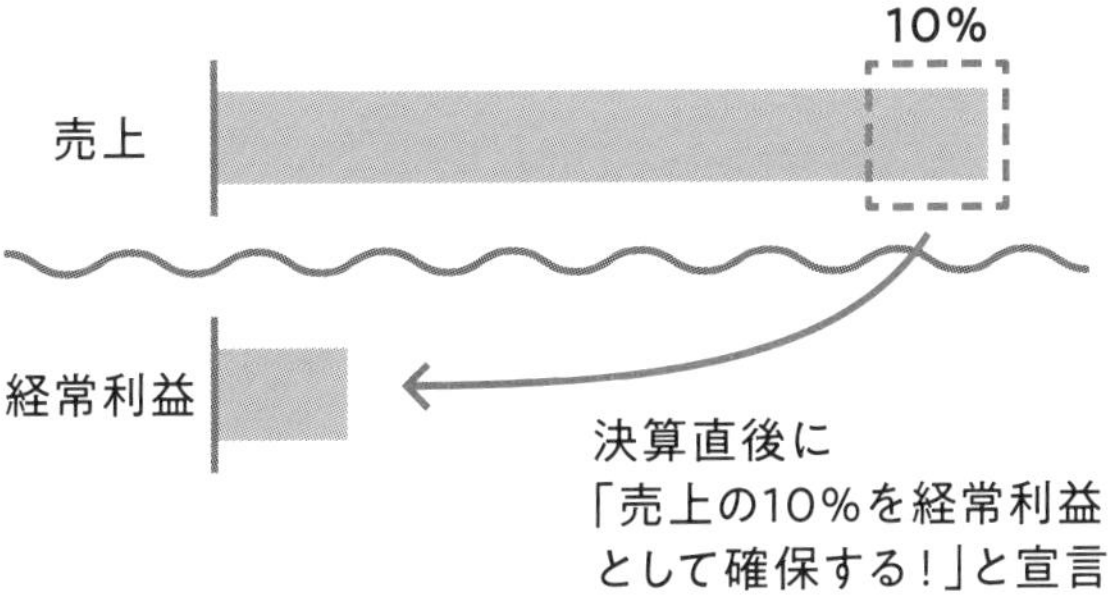

すると…

残りの90%でやり繰りするという
逆算思考が働く

5

預金残高と借入残高を「大きな目」で見る

SPEAKER 岡本

残高の数字をモチベーションに変える

細かい話は置いといて、とにかく「会社のキャッシュを1億円にする」と目標を決めてしまうと、結果的に利益につながりやすくなります。1億円と聞くと、一瞬ひるんでしまう気持ちもよくわかりますが、これは意外と現実的な数字です。少なくとも、決して荒唐無稽な話というわけではありません。

さすがに一年では無理としても、二年、三年あれば達成できるポテンシャルは、どの企業にもあると感じています。したがって、必要なのは「やるぞ！」という経営者の覚悟だけです。

目指すべき目標をしっかりとイメージし、固めることができたら、次は何をすべきでしょうか。

まずは、会社の規模がある程度大きければ複数の口座があるはずなので、それらを逐一チェックしてください。思った以上に金額が大きければ、「次は何に投資しようか？」とほくそ笑んだり、反対に思ったより少なくなっていれば「節約しなくちゃ」と焦ったりするはずです。

また、預金残高とともに、借入残高のチェックもぜひおすすめします。

こちらは口座残高と逆のパターンで、多く残っていれば「減らさなくちゃ」と思いますし、着実に減っていれば「新規に借り入れをして設備投資に回そう」といった新たな願望が出てくるでしょう。

このようにして**預金残高と借入残高を「大きな目」で継続的に見ることが、結果的に利益につながる**というメカニズムは、44～47ページの「経費トップ10をダイエットする」のところで説明した体重計の話とまったく同じです。

目標は
キャッシュ1億円！と宣言すると…

預金残高

借入残高

どちらも
逆算思考が
働くため

数字の見え方が変わる

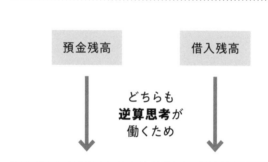

6 KPIを設定して目標を〝見える化〟する

SPEAKER 鈴木

業績目標を数字にして社内で共有する

KPI（Key Performance Indicator）は「重要業績評価指標」と訳される通り、業績の管理・評価には欠かせない数字です。

初めて耳にする方もいらっしゃるかもしれませんので簡単に説明すると、会社の業績目標を数値に置き換えたものがKPIです。会社を一生懸命大きくしようと日夜働いている方々は、自然とこのKPIを設定して課題解決に取り組んでいることもあるくらいですから、それほど難しい話ではありません。

KPIによる可視化の基本的な流れは、まず会社の数字をもとに課題を抽出し、目標を数値で設定するところから始めます。飲食店を例にとると、客単価やリピート率、新規顧客の数などのデータをもとに、客単価の向上、リピート率の改善、新規顧客の獲得などの目標数値を、それぞれ具体的な数字で計画します。

そこでたとえば、「月間の客単価を６０００円に上げる」「３カ月に１回の来店を、２カ月に１回に増やす」「新規顧客を毎月20人に設定する」「新規顧客のうち20％を再来店させる」といったイメージです。

この作業を行うことによって、その時点での経営課題が明らかになるとともに、全従業員がＫＰＩから逆算した具体的な目標を持つことができるようになります。つまり、やり方や呼び名はどうあれ、**業績目標を数値で〝見える化〟することこそがＫＰＩの本質**なのです。

KPI＝重要業績評価指数

Key
Performance
Indicator

KPIで目標を見える化する

新規顧客獲得数
○○件！

リピート率
○○％！

客単価
○○○○円！

PV数
○○○○！

テスト終了件数
○○件！

稼働率○○％！

成約率○○％！

7 数字を「線」で追って〝変化〟をつかむ

SPEAKER 岡本

変化をつかむ数字の読み方

数字を眺める際に大切なのは、数字を「点」ではなく、「線」で見ることです。点とは、ある瞬間のピンポイントで見る数字。線とは、一定期間の変化とともに見る数字です。たとえば先月と今月、昨年同月から現在までといったように、**数字がどう変わっていったか、その推移を見る**ということです。

試算表や決算書の数字は、その瞬間、その時点を示すだけであり、どういう経緯でそうなったのかまではわかりません。たとえば、期末に現金が1000万円あったとしても、ひょっとしたら期首には2000万円あったかのかもしれませんし、反対に500

万円しかなかったのかもしれません。**増えたのか、減ったのか、その違いは「線」で追わない限り見えてこない**のです。

野球にたとえると、年に一度の決算書だけしか見ない経営者は、結果だけを知っている状態です。一方、定期的に数字を追っている経営者は、具体的な試合の動きまで把握した上で結果を知っている状態と言えます。誰がどのイニングに打ち、どのようにランナーを進めて点を取ったのか。誰がどのイニングに登板し、どのようにしてアウトを積み重ねていったのか。あるいは、先制点をあげてそのまま逃げ切ったのか、途中で逆転して勝利をもぎ取ったのか。

結果だけしか知らない人と比較して、どちらがそのチームの未来をより正確に予測できるかは、言うまでもないでしょう。

このたとえは、経営において定期的に数字を確認し、「線」で追うことの重要性を示しています。単に年度末の決算書を見るだけでは、経営の全体像や具体的な動きを理解することはできません。定期的に財務状況をチェックすることで初めて、会社のパフォーマンスの変動、問題の早期発見、早期対策など、より詳細かつ効果的な経営判断が可能になるのです。

ちなみに、数字にはそれ自体に強烈な客観性と説得力があるので、どうしても絶対量としての「額」に目が行きがちですが、そこにとらわれすぎると全体が見えづらくなってしまいます。

したがって、**数字を追うときには必ず「率」、すなわち「増減率」とセットで把握し**ておきましょう。

数字は点ではなく線で見る！

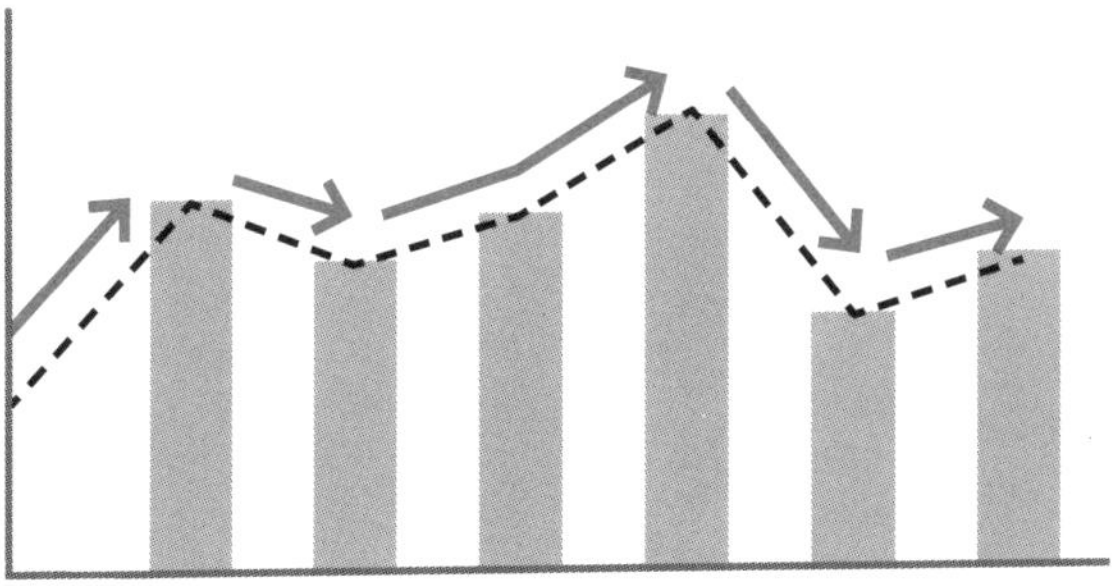

「線で見る」とは…変化を追うということ

点で見る　結果だけを知っている状態

線で見る　途中の展開まですべてを把握している状態

8 月に一度は会計のプロと雑談する

SPEAKER 鈴木

会計用語を知らなくても気にしない

数字を味方につけるには、外部の人の協力を得ることも欠かせません。そこでまずは会計事務所の担当者など、会計のプロフェッショナルと定期的に会って話す機会を設けましょう。コロナ禍により増加したオンライン会議システムも、もちろん有効です。その際、打ち合わせのテーマを決めたり、会議に成果を求めたりなど、必要以上に堅苦しく考える必要はありません。「リラックスして雑談を楽しもう」くらいの気持ちでちょうどよいでしょう。

経営者の方々にとって、会計というのは「数字が読めない」とか「会計に出てくる専門用語がよくわからない」といった負い目からか、必要以上に敷居を高く感じている人が多いような気がします。大事なのは数字の読み方や専門用語よりも、「大きな視点で会社を捉えること」ですから、まずはざっくばらんに普段感じていることなどから始めてみてください。そんな会話にこそ、案外本質が潜んでいることも多いものです。

そもそも多くの経営者は、自社の現状を第三者と共有し、話す機会を持つことができていません。せっかく会社の数字をしっかりと把握していても、自分一人で抱え込んでしまうと、課題の解決が難しくなる可能性があります。そうでなくても、会社の数字をどう解釈すべきか迷ってしまってチャンスを逸したり、明らかに誤った経営判断を下したりするリスクもあるでしょう。

そんな悲劇を防ぐためにも、会計のプロや銀行の融資担当者など、**社外の第三者との定期的な会話を通じて自社の現状を客観的に評価し、助言を受けること**が大切です。

また、社員とのコミュニケーションも同様に重要と言えます。経営者は社員と本音で話し合う機会をもっと持つべきです。経営者は自分の考えや会社の将来的なビジョンを明確に伝え、社員の理解を深めるように努めてください。

しっかりと信頼関係を築くことができれば、会社の財務状況や計画を数字ベースで共有しましょう。経営の透明化が高まれば、従業員にとっても経営者の考えや会社の状況を理解しやすくなりますし、社内の意思決定や計画立案がスムーズに進むようになります。そして何より、**共有された数字が社員一人ひとりのなかで意味を持ち、生きた数字となってそれぞれの場所で成果を生んでくれる**はずです。

月に一度は**会計のプロ**と**雑談**を！

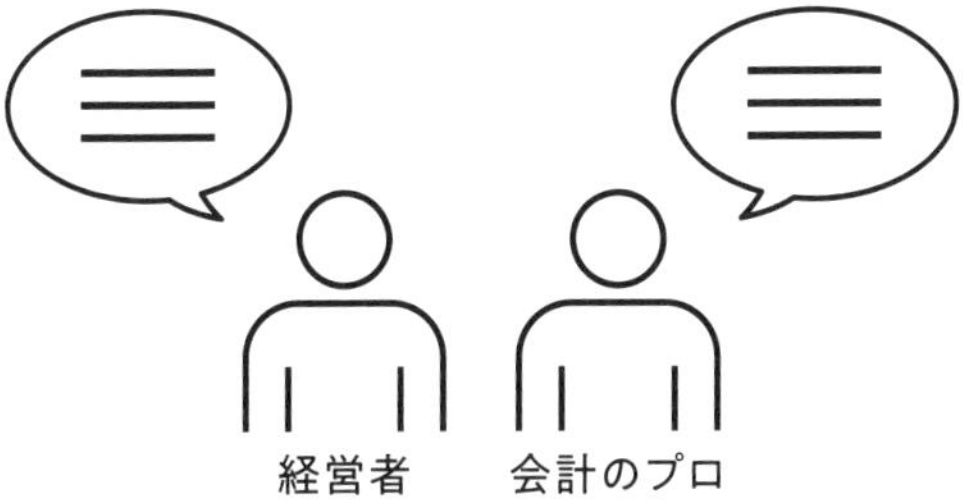

会社の数字をネタにした**雑談でOK！**

↓

◎客観的な評価が得られる
◎誤った経営判断を未然に防げる
◎チャンスを逸することがなくなる

第2章

会計はここまで進化した！

「b·i·x·i·d（ビサイド）」とは？

SPEAKER 鈴木

bixidの概要を知る

本章では、序章の最後で紹介した経営支援クラウドの「b·i·x·i·d（ビサイド）」を取り上げます。

未来予測会計を導入する際は、最強のパートナーとなってくれるb·i·x·i·dですが、最先端の機能をてんこ盛りに備えているだけに、そのすべてをここで語ることはできません。

そこでまずは「b·i·x·i·dでできること」を5つの機能に絞り、キャプチャー画面を掲載するとともに、それぞれ簡単に解説していきましょう。

bixid（ビサイド）とは？

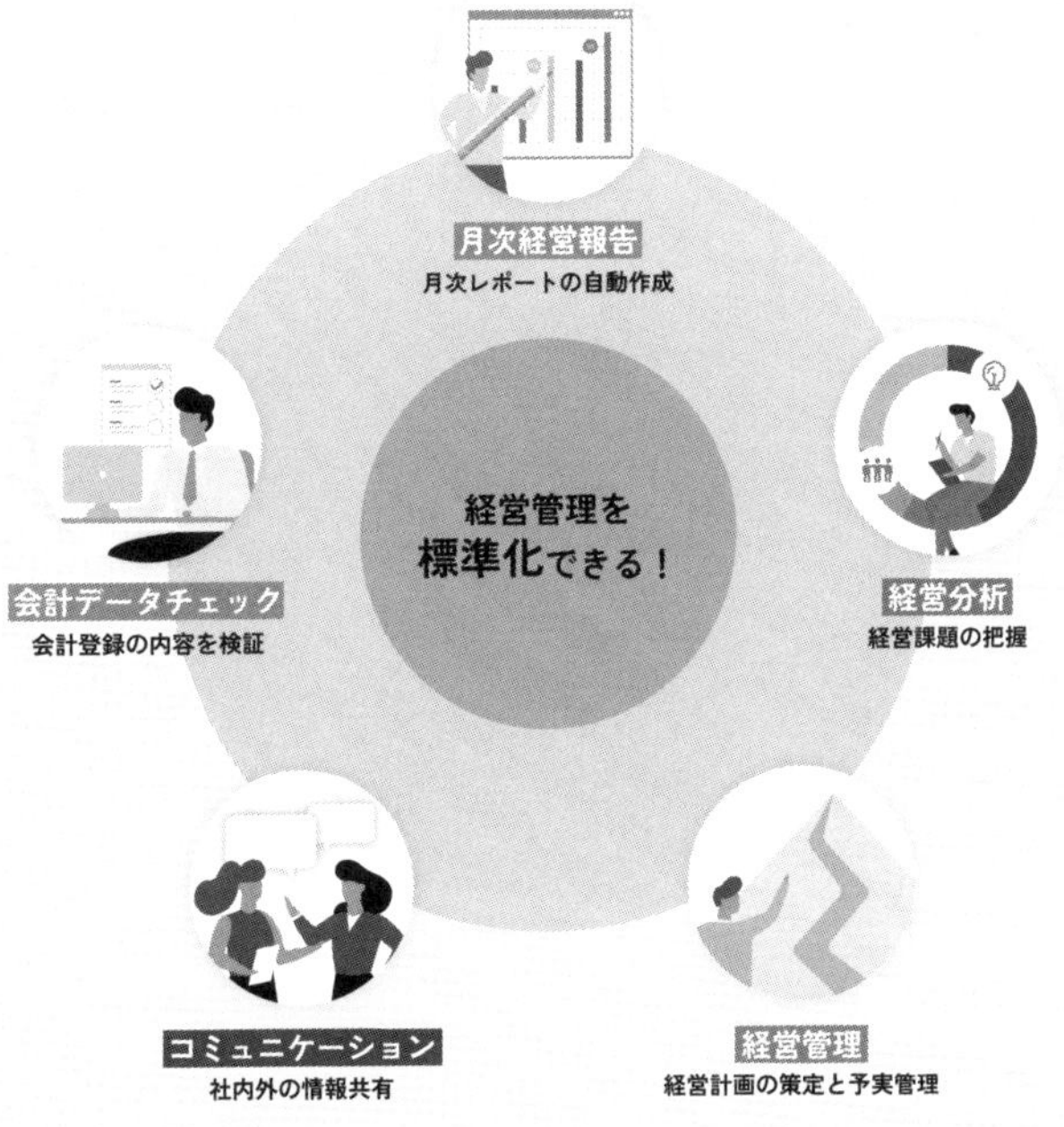

動画学習サイト「bixid channel」より
「bixidとは？」※動画：2分16秒

bixidでできること①
月次経営報告

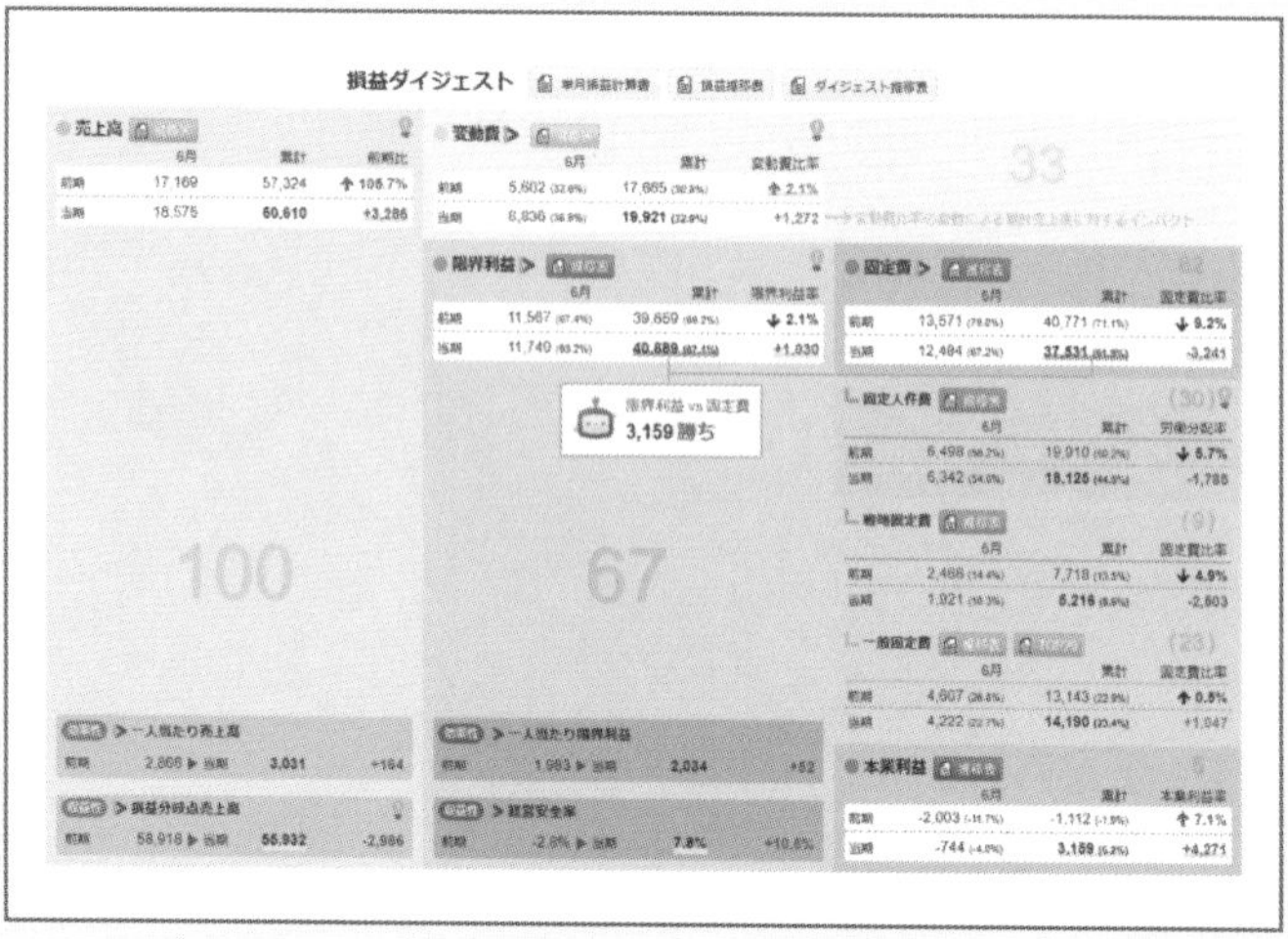

紙で出力される「合計残高試算表」ではわかりにくい数字の関係性をビジュアル化した「月次報告レポート」など、30種類以上のレポートを自動作成。視覚的なボックス図やグラフによる多彩なレポートは、確認すべき重要ポイントが絞られていてわかりやすい。また、移動中や外出先でも手軽に経営状況を把握できるスマホアプリも利用可能。

bixidでできること②
経営分析

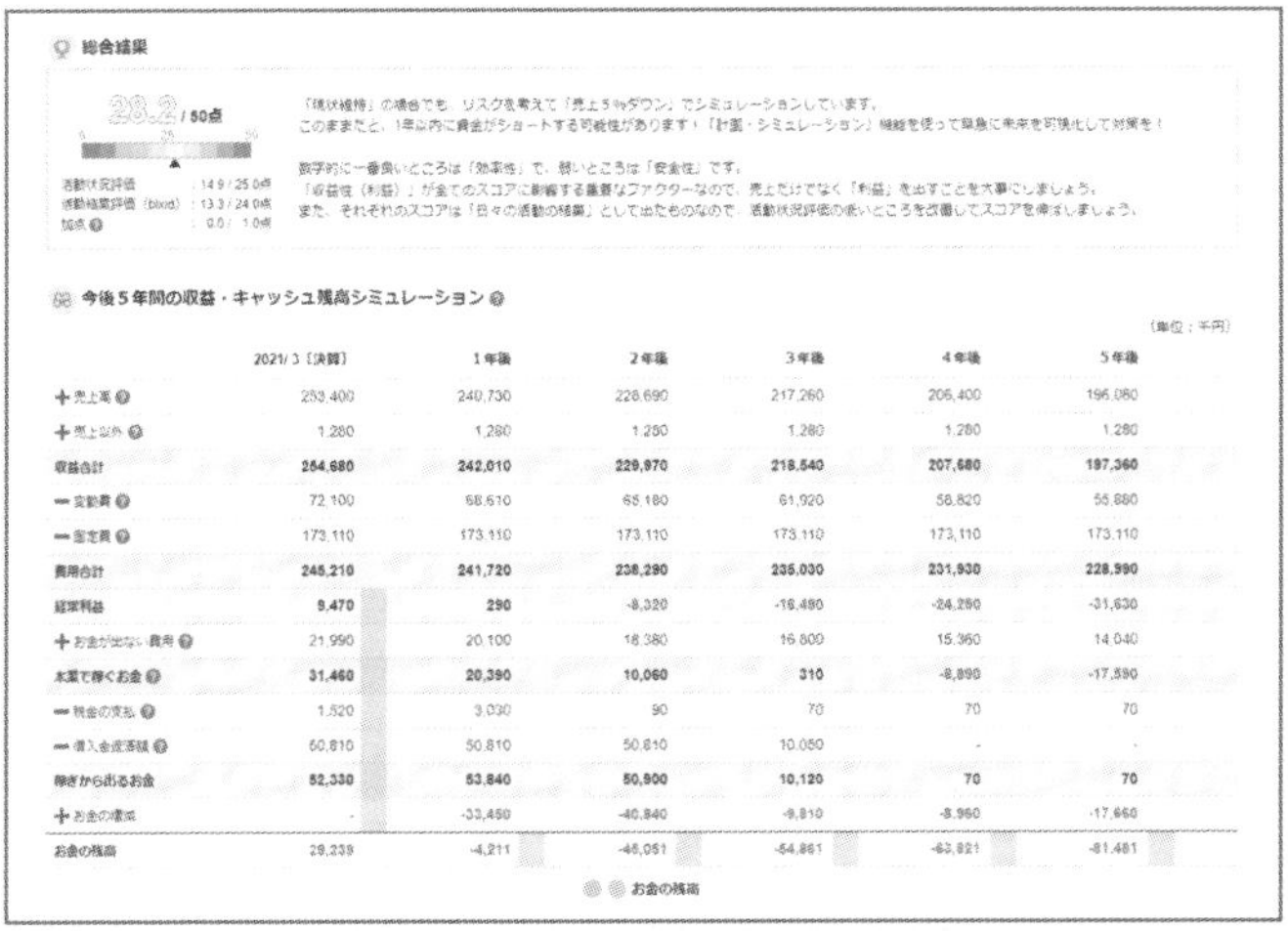

総合結果

28.2 / 50点

活動状況評価 ：14.9 / 25.0点
活動結果評価（bixid）：13.3 / 24.0点
加点 ：0.0 / 1.0点

「現状維持」の場合でも、リスクを考えて「売上5%ダウン」でシミュレーションしています。

このままだと、1年以内に資金がショートする可能性があります！「計画・シミュレーション」機能を使って早急に未来を可視化して対策を！


数字的に一番良いところは「効率性」で、弱いところは「安全性」です。

「収益性（利益）」が全てのスコアに影響する重要なファクターなので、売上だけでなく「利益」を出すことを大事にしましょう。

また、それぞれのスコアは「日々の活動の結果」として出たものなので、活動状況評価の低いところを改善してスコアを伸ばしましょう。


今後5年間の収益・キャッシュ残高シミュレーション

（単位：千円）

	2021/3［決算］	1年後	2年後	3年後	4年後	5年後
＋売上高	253,400	240,730	228,690	217,260	206,400	196,080
＋売上以外	1,280	1,280	1,280	1,280	1,280	1,280
収益合計	254,680	242,010	229,970	218,540	207,680	197,360
－変動費	72,100	68,610	65,180	61,920	58,820	55,880
－固定費	173,110	173,110	173,110	173,110	173,110	173,110
費用合計	245,210	241,720	238,290	235,030	231,930	228,990
経常利益	9,470	290	-8,320	-16,490	-24,250	-31,630
＋お金が出ない費用	21,990	20,100	18,380	16,800	15,360	14,040
本業で稼ぐお金	31,460	20,390	10,060	310	-8,890	-17,590
－税金の支払	1,520	3,030	90	70	70	70
－借入金返済額	60,810	50,810	50,810	10,050	-	-
稼ぎから出るお金	62,330	53,840	50,900	10,120	70	70
＋お金の増減	-	-33,450	-40,840	-9,810	-8,960	-17,660
お金の残高	29,239	-4,211	-45,051	-54,861	-63,821	-81,481

決算書からわかる財務診断（定量分析）と、目には見えない活動状況診断（定性分析）を実施する「企業ドック」、売上・利益・納税・キャッシュの４つの視点で将来予測を作成し、ビジュアルグラフで可視化する「単年シミュレーション」、金融機関別に借入金の残高や返済予定を見える化する「借入金管理」など、多彩な分析機能を利用できる。

bixidでできること③
経営管理

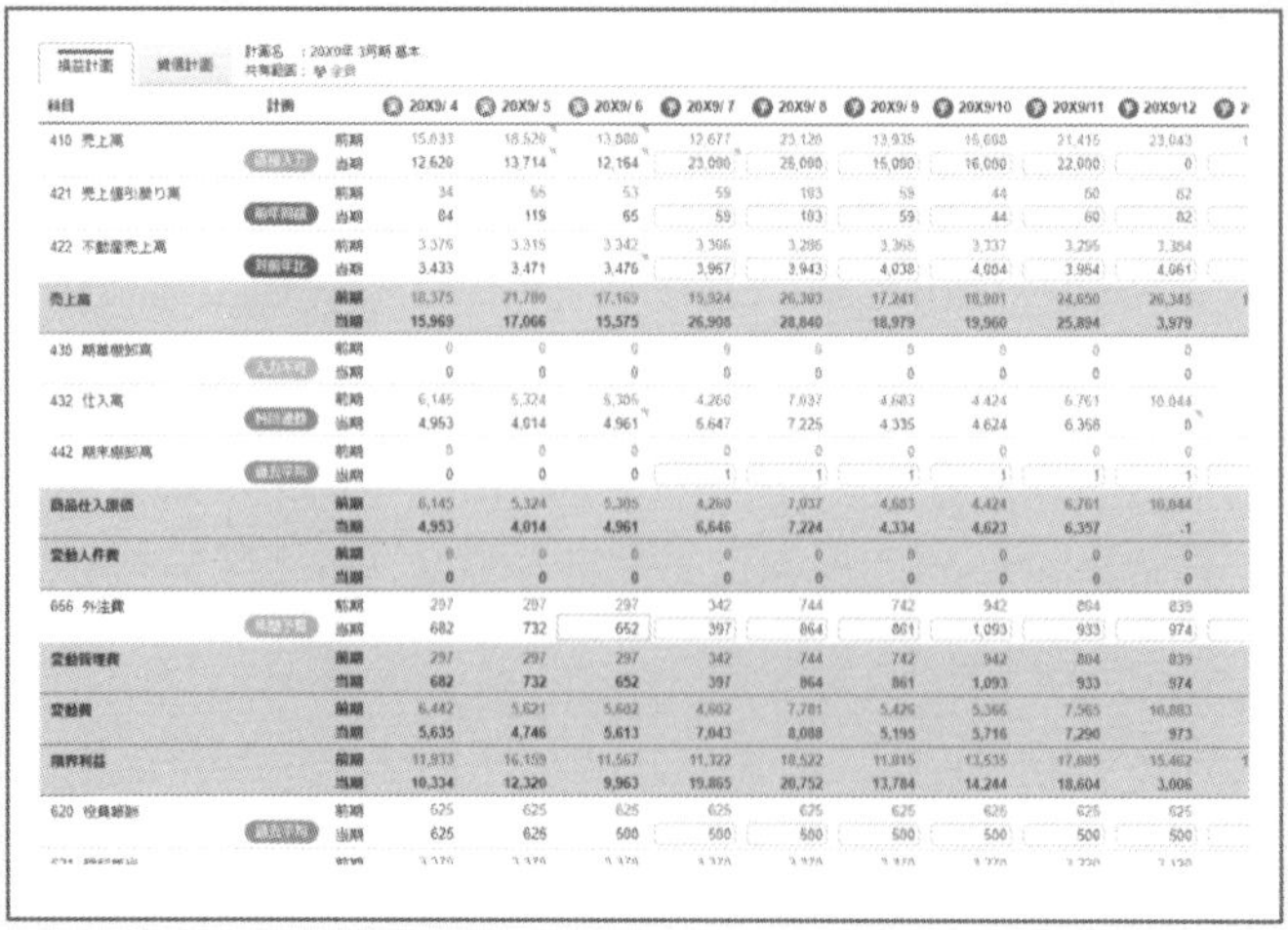

自動アシスト機能を備えており、最短30分で簡単に「単年月次計画」「中期年次計画」などの経営計画を作成することができる。また、資金繰り表はもちろん、会計データを活用した資金繰り予測を作成して将来のキャッシュ残高をシミュレーションしたり、よりリアルな目標進捗管理を行う場合は、KPI管理機能を活用することもできる。

bixidでできること④
コミュニケーション

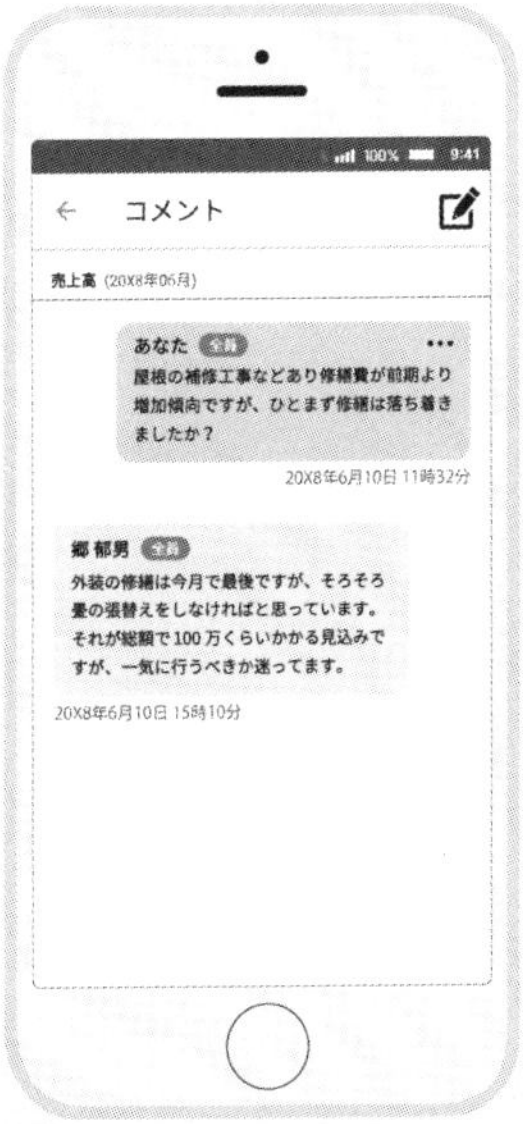

アカウントを招待すれば、経営数値やレポートを閲覧共有できる。共有範囲や権限はアカウントごとに設定でき、経営層や部門長、社員、会計事務所、金融機関など、関係者ごとにカスタマイズが可能。また、予定数値や実績数値に対してコメントを残したり、ToDoを登録したりすることで、スムーズな情報共有が実現できる。

bixidでできること⑤
会計データチェック

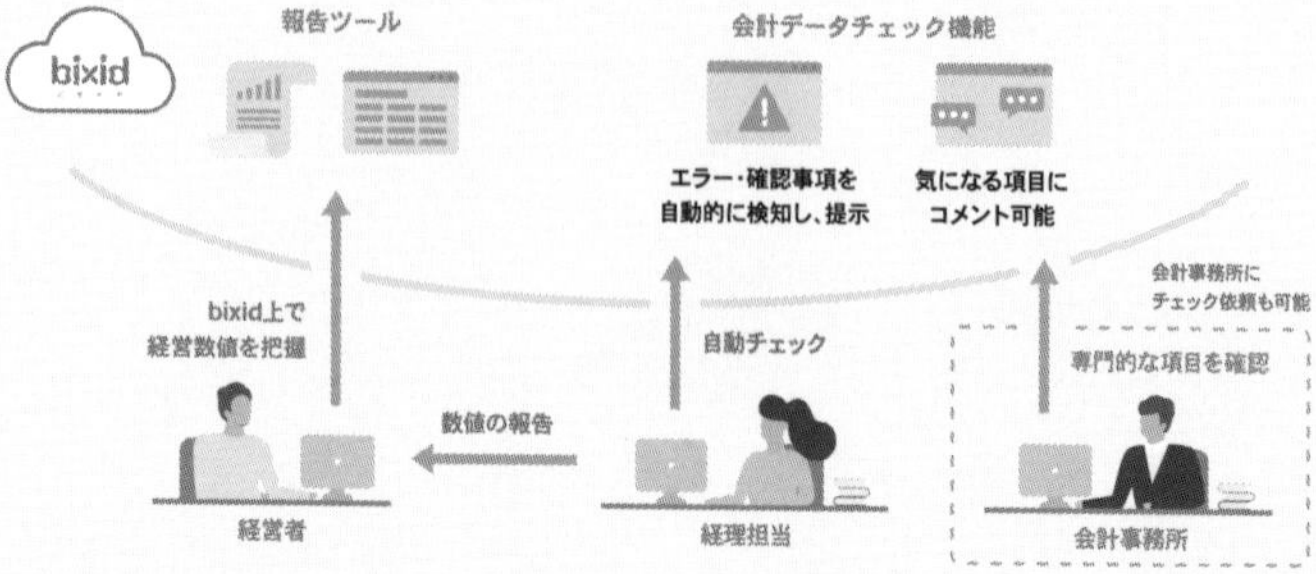

会計データが適切に処理されているかを自動でチェックし、エラー・確認事項を漏れなく検知して提示。専門性の高い会計・税務取引については会計事務所と連携することでチェックを分担することも可能。早期に正確な数字を確定し、bixid上で経営状況を把握することで、経理業務の合理化を図ることができる。

以上が、b・i・x・i・dのざっくりとした概要です。

さらにb・i・x・i・dの動画学習サイト「bixid channel」のQRコードを掲載しますので、もっと詳しく知りたい方はぜひそちらもご参照ください。

◆動画学習サイト
「bixid channel」

b・i・x・idは発明である

SPEAKER 鈴木

「会計の習慣化」と「会計の解放」を同時に実現

ここまで見てきた通り、PCやスマホ、タブレットなどの端末によるリモートアクセスが可能であり、社内はもちろん金融機関や会計事務所など社外の人たちともリアルタイムで会計情報を共有可能、さらにデータ分析・予測を支援する報告機能まで備えたまったく新しい会計システム。それがb・i・x・idです。

b・i・x・idは、世の中に数あるクラウド型会計システムの一つではありません。一般的には、クラウドサービス、経営管理ツール、経営支援システムなどにカテゴライズされているようですが、私（鈴木）の印象はそのどれとも違います。

b・i・x・idは発明です。

何を発明したか？

「会計の習慣化」と「会計の解放」を同時に実現した、という発明です。

b・i・x・idが実現した「会計の習慣化」とは、スマホを使えばいつでもどこでも会社の数字にアクセスできるため、会計を習慣化するハードルを劇的に引き下げたということです。たとえば、第1章でお話しした「1日10分！　毎日会社の数字を眺める」という習慣は、隙間時間にスマホを使えば苦もなく続けることができるでしょう。

また、b・i・x・idが実現した「会計の解放」とは、経営者や経理担当者はもちろん、金融機関や会計事務所までもがリアルタイムで総勘定元帳にアクセスできるという意味です。さらにb・i・x・idには、簡単な会計用語や数字の見方を動画で説明してくれる機能を備えているので、たとえアクセスする人に会計の知識がなくても、試算表を見る力がないとしても、見たいと思ったそのときに自分で会社の数字を見て状況を把握することができるのです。

総勘定元帳は、基本的に期末の決算申告後、会計事務所から1年分がまとめて紙で渡されるため、経営者が総勘定元帳の中身を受け取ったときには、その情報は過去のものです。今期中の総勘定元帳も、基本的には経営者の好きなタイミングで見ることはできません。経営者に把握してほしいのは、まさに「いま、このタイミング」というリアルタイムの数字ですので、この一点だけ見てもb・i・x・i・dの威力が十分にわかります。

少し余談になりますが、過去の判例をひもとくと、会社の数字を会計事務所に委託している場合、厳密に言えばそのデータの所有権は企業ではなく、会計事務所にあるのだそうです。これはまだ広く認知されていない事実ですが、そういう意味でも「b・i・x・i・dの登場によって、会計の情報が解放された」と言えるのです。

ここまでの説明で、序章の最後でもお話しした「未来予測会計を導入するために必要な2つのポイント（①会計の習慣化、②初歩的な管理会計の知識とスキル）」を強力にサポートしてくれるシステムが、まさにこのb・i・x・i・dなのだということが、おわかりいただけるのではないでしょうか。

このようにしてまったく新しい境地を切り拓き、過去のあらゆるツールをはるか後方に追いやったという意味において、**ｂｉｘｉｄはｉＰｈｏｎｅ登場以来の創造的破壊をもたらした**という印象を個人的には持っています。

ｂｉｘｉｄで全員が同じ数字を共有する

ｂｉｘｉｄは、もはや単なる一つの会計ツールという枠組みを超え、会計環境をトータルで提供するプラットフォームと言えます。

個別最適化されたツールから得た数字では、一個人が所有しているデータを社内で共有するところから始めなくてはいけません。一方、ｂｉｘｉｄでは、はじめから全員が同じ数字を共有していることが前提となります。

ｂｉｘｉｄをプラットフォームとして社内で数字をあらかじめ共有できていれば、たとえば社内の経営会議などでは、会社の幹部が同じ数字をすでに共有しているという前提で考えたり、話し合ったりできるようになります。話の出発点になる数字を共有すると、単なる憶測や希望的観測など根拠の薄い話が減って話が具体的になるため、議題に上がるテーマそのものの説得力もぐんと上がるでしょう。

また、数字というのは圧倒的な客観性があるため、それぞれの解釈で色が変わることも少なくなります。どこにどれくらいお金を使っているか、会社の計画がどこまで達成できているか、どのような方向へ進もうとしているのかなどが、一目でわかるようになる。つまり、おぼろげながら未来のことまでもが共有できるようになるのです。

会計との距離が遠すぎる

多くの経営者は、会計との距離が遠く離れてしまっています。会計事務所に記帳を丸投げして試算表の作成を依頼しているものの、肝心なその試算表が届くのはすでに述べた通り3カ月後、4カ月後というのが現実なのではないでしょうか。

残念ながら、それではまったく会計の力を活かし切れていません。日々の業務のなかでは、会計なんて存在していないのと同じです。

会計事務所が持ってきた試算表を眺めて、自社の売上だけは把握しているかもしれません。でも、3カ月前、4カ月前の売上だけを把握していても、それが直接利益につながることはないでしょう。

たとえば、売上の数字ばかり追いかけて、売上が増えた、減ったと一喜一憂したところで、こちらが「利益はどうなっていますか？」と聞くと、「あれ？　減っているなあ」と怪訝そうな顔をする。「では、いまこの瞬間の会社のお金の流れを把握していますか」と尋ねると、「いや、全然わかりません」と開き直る。このようなケースは、決して珍しくありません。

少し極端な例と思われたかもしれませんが、多くの経営者にとってそれだけ会計との距離が遠いのです。

でも、ｂｉｘ・ｉｄを導入すれば、**自宅でノートパソコンからログインしたり、スマホを開いてポチっとしたりすればすぐに会計とつながることができます。**時間と場所を選ばず、その時点の粗利を把握することができますし、ちゃんと取り組もうと思えば、少なくとも日々の細かい利益の動きまで追いかけられます。その仕組み（システム）が、b・i・x・i・dなのです。これはもう、発明以外の何者でもないでしょう。

ただ、残念なことに、b・i・x・i・dはまだまだ認知度が低いと言わざるを得ません。だからこそ、「会計の世界にb・i・x・i・dという選択肢が日本に生まれた」と、私は声を大にして言いたい。とりわけ**会計との距離が遠い経営者、つまり本当に届けたい方々に、その存在だけでも知っていただきたい**のです。

もちろん、選択するのは経営者の自由です。ただ、本書のなかで会計の学びを深めていただければ、実際に未来予測会計を導入する際の会計ツールとして、おそらくb・i・x・i・dを選択するはずです。

世の中を見渡せば、財務分析をサポートする会計ツールはたくさんあります。けれども、そのどれもがある種の壁を感じてしまいます。料金設定にしても、会計用語の使われ方にしてもそうなのですが、やはり会計との距離が遠いというのが私の印象です。

「予測」は天気予報と同様に科学的な行為

いくら最新の機能を搭載した画期的な会計システムが登場したと言っても、未来のことなんて本当に予測できるのだろうか。

そう感じるのも当然でしょう。

では、たとえば天気予報を例に考えてみてください。未来の天気を予想するのに必要なのは、気温、湿度、気圧、風向き、波の高さといった詳細なデータです。これらをもとに、気象予報士という国家資格を持つ専門家が予想している、つまり科学的なデータに基づいて未来を予測しているわけです。

じつは経営の世界でも、天気予報のように未来を予測することができます。**売上や経費といった一つひとつのデータが、未来を予測する手がかりになる**のです。

この事実を踏まえて、もし私たちがテレビやラジオ、スマホのアプリなどで気軽に情報が得られる天気予報のように、会計データに基づいて予測された未来の数字を手軽に入手することができたら……しかも、ただ便利なだけでなく、経営者が効率的かつ合理的な経営判断を下すには、単に会計ツールを開発して提供するだけでは不十分です。日々の管理会計を習慣化して社内外の人とリアルタイムで数字を共有し、データ分析や予測を支援するだけでなく、管理会計の基本的な知識の習得までカバーするといったように、未来の数字を予測するために必要な、あらゆる環境を丸ごと整えるシステムを作りたい――。

このような開発陣の思いをもとに、ｂｉｘｉｄは誕生しました。

自社の未来をデザインする

SPEAKER 鈴木

bixid導入だけでは未来予測会計は実現できない

ここまでの話の流れで、「bixidさえ導入すれば、明日からでも未来予測会計の環境が整うのか」と思われた方もいらっしゃるかもしれませんが、残念ながらその答えはNOです。

もちろん、bixidには財務データを分析する機能が備わっており、売上・利益・納税・キャッシュについて、未来の数字を簡単にシミュレーションすることならできます。ただ、会計データをbixidにアップロードすれば、誰でも手軽に未来の数字が手に入る……といった夢のような話は、まだ実現できていません。結局、未来予測会計をスムーズに導入するためには、第1章で紹介した内容をコツコツと実践し、数字と仲良くなるところから始めていただくのが一番なのです。

ただし、会計との距離が遠く、「数字に弱い」ことを自認している経営者のなかにも、じつは数字に強い方が一定数いらっしゃると言ったら驚くでしょうか。

その謎を解くキーワードというのが、第1章にも登場したＫＰＩ（重要業績評価指標）です。

本章後半では、未来予測会計やｂｉｘ·ｉｄを導入する前に、経営者のみなさまにぜひ知っておいていただきたい話を取り上げます。

未来予測会計の土台はＫＰＩ

57ページでも述べましたが、ＫＰＩというのは、往々にしてそれとは知らずに経営の現場で日々使っていることが多い指標と言えます。

ＫＰＩとは、売上を生み出すための数字を「見える化」したものです。たとえば一人あたりの客単価をいくらに設定するか、年間でお客さんに何回来店してもらうか、来店した際の滞在時間をどのくらいにするか。

これらはすべてＫＰＩです。

普段、このようなことをしっかり考えて経営している方は、**数字ときっちり向き合っていて、会計の本質をちゃんと理解している「数字の強者」**なのです。

したがって、ＫＰＩを経営に取り入れているのに「数字が苦手」というのは矛盾しているように感じてしまいます。経営者自身がそう思い込んでしまうのは、たとえば試算表を見てもちんぷんかんぷんだったり、決算書を見ても会社の財務状態を理解できなかったりするからでしょう。また、会計事務所も含めたブレーンのサポートが十分ではなかった、という理由も考えられます。その結果、自分はダメな経営者だと、自分で思い込んでしまっているケースがとても多い。

非常にもったいないことです。

経営から逃げずに向き合うには、ＫＰＩの概念が不可欠である以上、ほとんどの経営者はすでに「数字に強い」と言えるのではないでしょうか。**ＫＰＩを掲げて、その達成に向けて日夜取り組んでいれば、それだけで素養は十分。未来予測会計の土台は、すでにできあがっています。**どうか自信を持ってください。

スタートの時点では、財務諸表が読めなくてもいい。専門用語を知らなくても、もちろんいい。「数字に強い」という自覚など、どうでもいい。

もっと言えば、必要なのは数字への自信ではありません。「自社の未来をなんとかしたい」と真剣にもがき続けた日々に対する自信、あるいは自負です。

経営者とともに会社の未来をデザインする

もう少しだけＫＰＩの話を続けましょう。

実際にクライアント企業のＫＰＩを設定する際、私（鈴木）の場合はまず経営者の頭にあることをヒアリングして全部引き出した上で、それを実現するための数式を作り、具体的な数字、つまりＫＰＩに落とし込みます。その際、注意すべき点としては、**あく**

までも実現可能な数字を設定することです。

たとえば、現在の客単価が3000円の店で、経営者が1万円にしたいと希望していたとしましょう。これ、目標としてはいいのですが、1年、半年という時間軸を設定した瞬間、実現の可能性がほとんどゼロになる場合は、やっぱり意味がありません。しかも、KPIは社内で共有して全従業員がそこに向かって努力するわけですから、あまりに無謀な数字では社員が納得してついてくることもないでしょう。

そこで「じゃあ、4000円にできますか？」「難しいなら……3800円ではどうでしょう？」といった感じで、**どんどん未来の解像度を高めながら現実的な数字を組み立てていく**というのが一般的なKPI設定の流れになります。

ただし、です。

仮にその社長が「客単価3000円の焼鳥屋をやめて、客単価3万円のフレンチレストランを作りたいんだ」と、長年の夢を持ち出してきた場合はどうでしょうか。

私ならその覚悟を見ます。

理想を掲げることは、誰にでもできます。大切なのは、そこに未来をしっかりと見据えた本気の覚悟があるかどうかです。それさえ確認できれば、私は反対しません。むしろ、やりましょうと促すことさえあります。未来予測会計には、それを実現させるだけの力があるからです。

大切なのは、やはり覚悟だと思います。これまでとターゲット層が変わることで、長年応援してくれたお客が来なくなるかもしれない。従業員があなたのもとから離れていく可能性もあるでしょう。覚悟を持ち、夢を実現しようとしたとき、その代償もあるんだということを頭に入れながら、「未来予測会計」を組み立てていきます。そして新たにＫＰＩを設定して議論を重ね、どんどん解像度を高めていくことで、現実的なラインが見えてくることになります。

実際に議論を重ねた結果、あるタイミングで経営者が「３万円は……無理かな」という結論に達するかもしれない。しかし、実現できるか否かは結果論です。**大切なのは、本気で会社の未来を考える、つまり「自社の未来をデザインする」ことであり、そこにこそ価値がある**と私は考えています。数年前、客単価４０００円ほどだった飲食店が、いまでは客単価約1万円を実現している。そのようなクライアントも実際にいます。その経営者は「自分たちの料理にはそれだけの価値がある」という強い覚悟のもと、何年もかけて客単価を上げていきました。

夢を夢として夢のまま終わらせるのか。あるいは、夢を実現するために会計の力を使って未来をデザインするのか。

b・i・x・i・dは未来予測会計の強力なパートナーですが、そのポテンシャルを最大限まで引き出すのは、経営者の「自社の未来をデザインする」という思いの強さです。そして私たち会計のプロフェッショナルは、経営者自身の理想に共鳴し、未来をデザインするためのお手伝いをしているのです。

第3章

利益3000万円への道

～成功事例集～

※第３章に掲載している企業名、社長名の一部は仮名です。

Case 1

在庫管理

在庫状況を適切に管理して変動費率の安定化に成功

企業DATA
合同会社monoglobe
代表：諸富社長
業種：小売業（ECサイト）
業歴：8年
年商：2.8億
従業員数：1名（社長のみ）

SPEAKER 岡本

課題 原価率と在庫の管理方法を改善したい

ケーススタディーのトップバッターは、合同会社monoglobeです。業種はECサイトの運営で、おもにアマゾンドットコムに店舗を構え、中国で仕入れた商品の販売活動を行っています。取り扱う商品は、カメラ関連のパーツ類、とくにレンズフィルター、カメラ用の三脚、カメラバッグなどです。

従業員は諸富社長一人だけで、もともと中国で仕事の経験があり、中国語に堪能なため副業から始めたそうですが、現在は本業となっています。中国では、質の高い商品が豊富にあるものの、日の目を見ないものも多く、そのなかから良質な商品を見極め、信頼できる商品を選ぶ目利きと信頼性が、ビジネス成功のカギとされています。

諸富社長は早くからクラウドの会計ソフトを利用しており、タイムリーに試算表をチェックしていたそうですが、それらの数字をどう解釈し、活用すればよいかがわからず、なんとかして数字をしっかり把握しなくてはいけない、と強い危機感を持っていました。いろいろ調べてみると「管理会計」が必要とわかりソフトを探していましたが、どれも高額で手が出なかったので税理士に相談したところ、ｂｉｘ：ｉｄを紹介してもらったというわけです。ただ、自分で試してみると非常に良いと感じたものの、重要なポイントを完全には理解できていなかったといいます。そこで製造元である弊社（ＹＫプランニング）のサポートセンターに問い合わせをした、というのが私（岡本）たちとのご縁ができたきっかけです。

また、諸富社長は予算を立てる必要性を感じていましたが、予算の立て方や、どのポイントを重視して計画を立てるべきかについては、はっきりとわかっていませんでした。ここでのポイントは、**原価率と在庫をどのように管理し、いかに利益を確保していくか、またその利益が適正なのか、というところ**です。そこで会計のプロに適切なアドバイスを受けて相談しながら進めたい、と考えていました。

対策 「未着品」を勘定科目として計上

会社の数字を見ると、売上はずっと順調に伸びていました。ただ、諸富社長としては、仕入れ原価、販売手数料、アマゾンのＦＢＡ（Fulfillment By Amazon）手数料、輸入送料、仕入諸掛などのいわゆる「変動費」を売上高の50％以内に抑えるという目標を設定していたので、変動費率についてＫＰＩを設定し、１年間じっくりとモニタリングをしました。

変動費については99ページの図１のように、月ごとに上下動の波がありました。平均を取ると52％で収まっていますが、とくに12月は81％、７月は64％と高く、それぞれ翌

図1 変動費率[2022年10月～2023年9月]

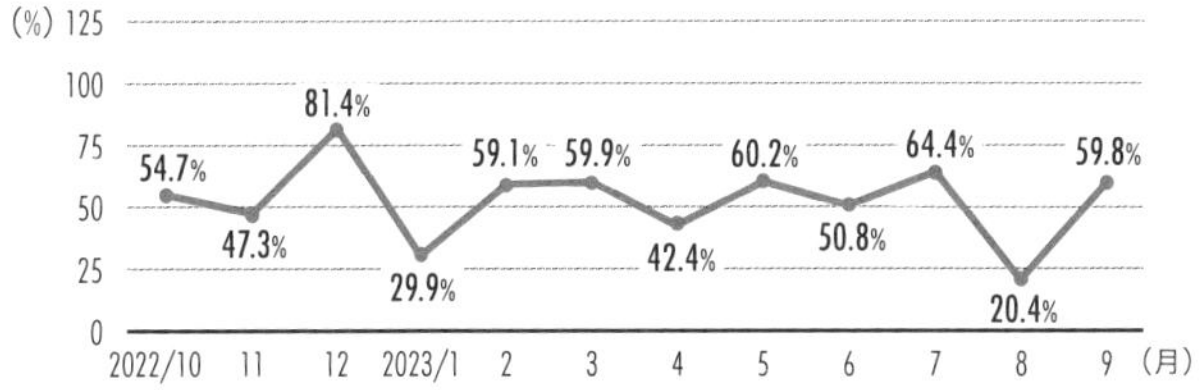

単位：%

項目名	10月	11月	12月	1月	2月	3月	4月	5月	6月	7月	8月	9月	経過累計	平均
変動費率	54.7	47.3	81.4	29.9	59.1	59.9	42.4	60.2	50.8	64.4	20.4	59.8	53.1	52.5

図2 貸借推移表[2023年10月～2024年9月]

単位：千円

科目		10月	11月	12月	1月	2月	3月	4月
未着品	前期	0	0	0	0	0	0	0
	計画	10,525	10,525	10,525	10,525	10,525	10,525	10,525
	実績	7,382	1,788	5,495	3,432	6,394	5,964	15,558

科目		5月	6月	7月	8月	9月	対計画
未着品	前期	0	0	0	0	10,525	-
	計画	10,525	10,525	10,525	10,525	10,525	-
	実績	18,215	0	0	0	0	-19,972

図3 変動費率[2023年10月～2024年9月]

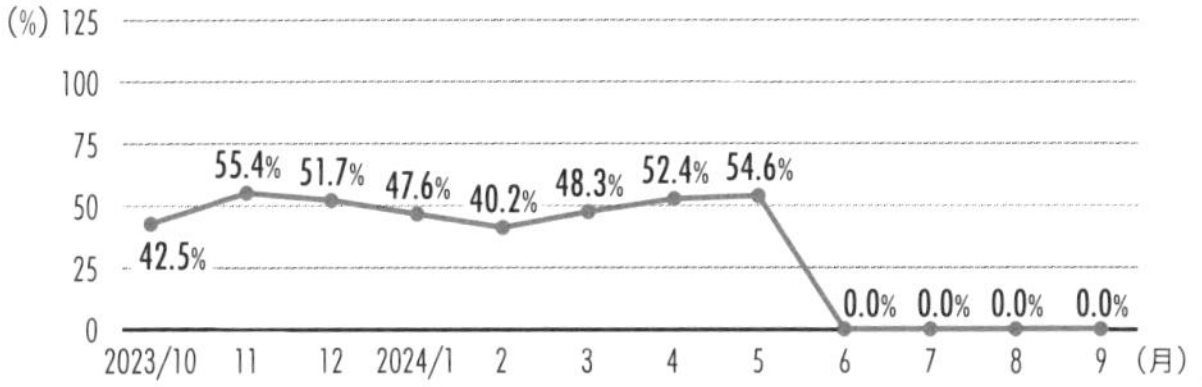

単位：%

項目名	10月	11月	12月	1月	2月	3月	4月	5月	6月	7月	8月	9月	経過累計
変動費率	42.5	55.4	51.7	47.6	40.2	48.3	52.4	54.6	0.0	0.0	0.0	0.0	49.0

月は大きく下がっています。

この大きな変動の原因の一つとしては、棚卸しの適切な会計処理が行われていなかったことにあります。諸富社長は、国内の倉庫にある在庫は把握していましたが、中国からの輸入品が船上にある2、3週間の間に月末を迎えたときの在庫を、正確に把握できていなかったのです。これが会計上の原価率の計算に影響を与えていました。この会社の特徴的なところではありますが、これは「未着品」という勘定科目になります。

そこで、月初の商品とか月末の商品とか、損益計算書と貸借対照表の関係性などについて、2、3カ月くらいの時間をかけて諸富社長に説明しながら理解していただき、「だったら未着品を会計に反映させないといけないですね」と納得していただいたことで、**貸借対照表の棚卸資産に計上し始めました。**

結果 原価率が安定して着実に利益を確保

この変更により、月末時点で海上にある製品の金額（製品が日本に到着していない状態の価値）をしっかりと試算表上でも把握できるようになったため、原価率の安定が見込めるようになりました。99ページの図3の実績値を見ても、期首から50％前後で推移しており、今後もその付近で、すーっと真横に近いグラフが走っていくことが予想されます。

この新しいアプローチにより、とくにセール期間中にも利益が確保できるようになりました。これまでアマゾンのブラックフライデーやスーパーセールのときには「ウチを知っていただくための広告宣伝費」という意味を込めて大幅な値引きを行った結果、「売上は上がるものの、なぜか利益が出ない」という状況でしたが、数字を追跡することで利益を保ちながら売上を伸ばす戦略に切り替えることができたのです。

諸富社長は現在、一切の値引きを行わない方針で、この新しい方法がうまく機能していることに自信を持っています。売上も依然として好調で、「毎日、b・i・x・idで数字を見るのが楽しみで仕方がない」とおっしゃっていただけるようになりました。とくに、期首時点で12カ月後の期末着地がイメージできるというのは、それだけで不安が一気に吹き飛ぶそうです。

Case 2

コストコントロール

管理会計を武器に大逆転経営に成功

企業DATA
コスモウエーブ株式会社（仮名）
代表：上山社長（仮名）
業種：サービス業（マーケティングリサーチ業）
業歴：33期
年商：3.5億
従業員数：25名（パート約70名）

SPEAKER 鈴木

課題 資金繰りを改善したい

コスモウエーブ株式会社は、企業向けのマーケティングサービス事業を展開しています。また、カフェを運営し、そこで使用しているカップや雑貨などの物販にも手を広げています。

コスモウエーブ株式会社は、過去の決算の状態があまり良くないという背景がありました。売上が増えても資金繰りが改善しなかったため、金融機関から融資を受ける際に条件として経営の見直しを提示され、キャッシュをどうやったら残せるのかを検討しなければなりませんでした。こうした理由から、**返済をしっかり行いながらもキャッシュを残していくという、強い経営体質を作り上げる必要がありました。**

対策 あらゆる固定費を見直して大きく削減

２０１９年3月期から私（鈴木）たちはセカンドとしてコンサルティングに入り、まず固定費のコストコントロールに着手しました。過去の決算を振り返ると、売上高増加時には戦略固定費（「金額が大きい」など重要度の高い固定費）や一般固定費が増加傾向にあったため、**増加しそうな経費（旅費交通費や通信費など）をコントロールし、削減できる経費を積極的に検討していただきました。**

この結果、２０２０年3月期決算では、売上高が約２０００万円増加しているにもかかわらず、限界利益率が72・7％、固定費が2億４３００万円とコストコントロールに成功し、経常利益２７００万円を実現しました（「限界利益」については１０７ページ下段のＱＲコードを参照）。

上山社長はもともと、表計算ソフトで毎期シミュレーションを作成していましたが、決算においてなかなかその通りに結果が出てはいませんでした。この理由は、会計事務所が作成していた試算表の内容と、上山社長の「頭の中の数字」が一致していなかったためです。財務コンサルティングを実施していくなかで「最初の壁」が、この試算表が実態を表していないという事実です。

たとえば何百万単位、時には１０００万円以上の減価償却費が決算時に一括で計上されていたり、給与や社会保険料などの大きな金額の経費が支払時に計上されていたり（金額の大きい経費は発生基準で計上すべきです）、消費税が税込みで処理されていたりなどです。じつは会計事務所が作成する試算表が実態を表していない〝問題〟はいろんな会社で起きており、その結果、経営者は試算表の数字から遠ざかっていってしまうのです。上山社長も試算表を見なくなったことで、「自分は数字が苦手なんだ」と考えるようになっていました。

そこで、私たちは**経営支援クラウドｂｉｘｉｄを導入し、上山社長がリアルタイムで**

総勘定元帳を見られる態勢を整えました。すると、「なるほど。この経費はこの勘定科目に入っているのか」と、上山社長の頭の中と試算表の数字が、徐々に近づいていきました。さらに私たちは**セカンドオピニオンの立場から、顧問税理士に試算表作成時の入力方法について次の依頼を行いました。**

①減価償却費を毎月、按分計上
②消費税の処理を税込処理から税抜処理に変更
③金額の大きな経費は毎月未払計上（発生基準）
④賞与引当金を概算で毎月計上

１０７ページの図４に記載している、２０２０年３月期の「固定人件費」をご覧ください。人件費については少し特殊な事情があります。コスモウェーブ株式会社は、全国で多くのアルバイトを雇用していますが、その支払いを大幅に削減しました。単に削減したのではなく、社員がより効率的に動くことによってアルバイトの必要性を減らし、その結果として人件費を節約するという戦略をとったのです。

社員の努力と成果を認めて、会社は給料をベースアップして反映させたため、結果的にこの年の人件費はあまり変わっていません。このようにコスト削減を達成しつつ、社員の努力を給料に反映させることでモチベーションの維持を図りました。**単純なコストカットではなく、利益を最大化するためにコストを管理する、つまりコストコントロールを図った**わけです。

結果 コスト意識が徹底され強い組織に変わった

総勘定元帳を毎日のようにb:i:x:idで確認した結果、上山社長は次第に数字に強くなっていきました。**すでに2020年2月時点で、経常利益3200万円を実現しており、3月以後の新型コロナウィルスの影響を受けても、過去最高利益の2700万円を実現**しました。b:i:x:idを導入し、管理会計スキルを学び始めてたった1年後の結果です。

上山社長は当時を振り返り、次のように言っています。

「鈴木さんは、このままいけば経常利益2000万円は超えるといつも言ってくれまし

図4 損益推移

単位：千円

勘定科目	2019年3月期	2020年3月期	2021年3月期
売上高	337,857	357,691	386,959
変動費	93,337	97,650	93,906
変動費率	27.6%	27.3%	24.3%
限界利益	244,520	260,041	293,053
限界利益率	72.4%	72.7%	75.7%
固定人件費	187,606	185,954	193,920
戦略固定費	33,712	31,407	31,915
一般固定費	21,581	25,986	28,070
固定費	91,716	243,347	253,905
営業利益	1,621	16,694	39,148
経常利益	364	27,326	42,800

勘定科目	2022年3月期	2023年3月期	2024年3月期
売上高	329,396	330,079	348,396
変動費	57,864	69,527	72,915
変動費率	17.6%	21.1%	20.9%
限界利益	271,532	260,552	275,481
限界利益率	82.4%	78.9%	79.1%
固定人件費	209,661	206,116	203,525
戦略固定費	33,531	29,448	28,674
一般固定費	26,493	24,798	23,035
固定費	269,685	260,362	255,234
営業利益	1,847	190	20,247
経常利益	1,864	5,455	18,406

「限界利益」とは？
※動画：1分16秒

た。しかし正直、私自身は半信半疑でした。なぜなら、過去においてそれだけの利益を出したことがなかったからです」

そんな上山社長が、翌期には経常利益４２００万円をたたき出したのです。この2年目は、外注費を中心とした変動費率が前期の27・３％から24・３％にまで下がっています。変動費率を３％も減少させることは、並大抵のことではありません。しかも、この年は売上高が前年度よりも約３０００万円増加した結果、限界利益は2億９３００万円まで増加しています。すごい結果です。

コスモウエーブ株式会社の変動費は、おもに「外注費」です。外注費というのは、企業へ発注する費用ですから、感覚的には人件費に近いと言えます。社員が自分たちで動ける分は動いて、外へ振る分をどんどん減らしていくという努力をした。つまり、無駄を省くために時間の使い方や行動を変えて、内製化を進めていったわけです。これは社長一人では、なかなか実現が難しいので、幹部も含めて巻き込んでいったという流れでした。

このとき、上山社長は各現場リーダーに数字を見せながら、どうしたら限界利益を最大化できるかを伝えていました。社内で数字を共有するという行為も、2020年3月期から始めたことです。こうして、**コスモウエーブ株式会社は社長だけでなく、社員も含めてどんどん強い組織に変わっていきました。**

ただ、2022年、2023年は新型コロナウイルスの影響を受け、決まっていた受注も先送りされるなど、厳しい年度となりました。それでも「絶対に赤字にはしない」と社員一丸となって黒字でこの厳しい2年を終えたのです。以前のコスモウエーブ株式会社であれば、おそらく赤字決算だったでしょう。企業というのはここまで強くなれるんだということを、私のほうが教えていただきました。

上山社長は、「b·i·x·idで経営計画を開いて一つひとつ数字を見ていると、日によって変化が発見できたり、感じ方が違ったりする。自分の会社の数字だから、見ていて飽きないし、それどころか何かしらアイデアが湧いてきます」と言います。

会計が苦手だと言っていた経営者でも、ここまで変わるという好事例でした。もちろん現在の上山社長は、自分自身が数字に強いことを自覚されています。

Case 3

経営計画

実現可能な**黒字化計画**を10通り以上も作り直した

企業DATA
有限会社山口食品(仮名)
代表:山口社長(仮名)
業種:食品製造業
業歴:37期
年商:4.5億
従業員数:16名(パート27名)

SPEAKER
鈴木

課題 **売上が横ばいでも利益が出るようにしたい**

有限会社山口食品は、昭和26年創業という老舗の食品製造業を営んでいます。あるとき、「一度会って、お話がしたい」と連絡がありました。山口社長とは一度だけ面識がありましたが、電話を受けたとき、「なんか声が若いな……」と感じたことを覚えています。会社を訪問すると、社長の隣に若い男性が座っていました。彼は私(鈴木)たちの提案を真剣に聞き、その場でさまざまな質問を投げかけてきました。非常に好感の持てるその爽やかな青年は社長の息子さんであり、当時28歳の山口翔大さんでした。

有限会社山口食品は、天然の国産素材にこだわり、昔ながらの伝統的な製法を受け継いできたそうです。**売上はずっと4億円を少し超えるくらいで大きく増えたり減ったりはしていないのですが、毎年赤字が続いていました。**２０１８年６月期の経常利益はマイナス１２６０万円、その翌年がマイナス１６６０万円（１１３ページの図5を参照）と、見せていただいた過去の決算書は赤字が続いていました。翔大さんは大阪の同業種の企業で修業を終えたのち、山口食品に戻ってきたのでした。彼は「いまのうちの状況を変えたいんです。なんとか力を貸していただけませんか？」と、まっすぐな目で私に訴えてきました。このときから、息子である山口翔大さんが奇跡的なV字回復を果たす黒字化ストーリーが始まりました。

対策　黒字化を目指して何度も経営計画を作成

まず、過去の決算書の数字を徹底的に分析するところから始めました。私のこれまでの経験上、売上高4億円を維持している企業が毎年赤字になってしまう場合、必ずどこかに理由があると考えます。言い換えれば、今後も売上4億円を実現していくことができれば黒字化できる、と当時の私たちは感じていました。

私たちはじっくりと話をうかがった上で、**「1カ月間の固定費を30万円削減してください」と翔大さんに宿題を出し、bixidを使って実現可能な範囲で経営計画を作成**してもらいました。

ただ、当時の翔大さんは管理会計の基本的な知識も持っておらず、経営計画を作成した経験もありませんでした。そこで、実現可能な経営計画をどのように考え、作成していけばいいか？　管理会計のなかで、押さえておかなければならない重要な数値は何か？　と、ひたすらレクチャーを重ねました。

翔大さんは何度も経営計画を作成し、私たちがその内容をチェックするという作業が数カ月続きました。ただ、実現可能な数字をベースに考えると、最終的に経常利益がマイナスになってしまいます（113ページの図6を参照）。だからと言って、ただ見栄えの良い数字を並べた「絵に描いた餅」では意味がありません。

図5 損益推移

単位：千円

勘定科目	2018年6月期	2019年6月期	2020年6月期	2021年6月期	2022年6月期	2023年6月期	2024年6月期(予想)
売上高	428,447	405,306	400,036	406,383	426,480	413,229	452,221
変動費	200,529	183,685	186,012	198,618	188,549	180,782	177,250
限界利益	227,918	221,621	214,024	207,765	237,931	232,447	274,971
限界利益率	53.2%	54.7%	53.5%	51.1%	55.8%	56.3%	60.8%
固定人件費	154,356	150,216	153,266	148,456	135,810	144,257	161,290
戦略固定費	50,553	49,683	49,055	43,260	45,324	49,139	53,980
一般固定費	38,232	39,195	26,352	25,876	27,800	28,400	25,990
固定費	243,141	239,094	228,673	217,592	208,934	221,796	241,260
営業利益	−15,223	−17,473	−14,649	−9,827	28,997	10,651	33,711
経常利益	−12,696	−16,626	−13,457	−8,021	29,341	17,332	34,759

図6 損益計画[2021年6月期]

単位：千円

科目		実績						予想			年計
		2020年10月	2020年11月	2020年12月	2021年1月	2021年2月	2021年3月	2021年4月	2021年5月	2021年6月	
売上高	前期	33,282	35,369	31,686	31,278	33,691	34,892	35,881	33,633	33,436	400,036
	当期	33,018	35,409	32,506	31,021	33,275	33,804	35,881	33,633	33,435	404,661
変動費	前期	15,040	17,229	14,226	12,297	15,263	19,007	15,908	15,295	16,310	186,012
	当期	16,107	17,267	12,957	17,762	17,175	16,969	15,716	14,729	14,643	192,727
限界利益	前期	18,242	18,140	17,460	18,981	18,428	15,885	19,973	18,338	17,126	214,023
	当期	16,911	18,142	19,548	13,259	16,100	16,835	20,165	18,904	18,792	211,933
固定費	前期	19,752	22,418	18,984	19,743	17,944	19,076	17,850	19,753	18,294	229,213
	当期	18,275	19,331	19,384	18,452	19,289	17,771	17,237	19,688	18,098	221,868
本業利益	前期	−1,510	−4,278	−1,524	−762	483	−3,192	2,123	−1,415	−1,168	−15,190
	当期	−1,364	−1,189	164	−5,193	−3,189	−935	2,928	−784	694	−9,934
経常利益	前期	−1,453	−4,100	−1,074	−726	552	−2,904	2,165	−1,370	−1,117	−13,457
	当期	−1,318	−1,090	216	−5,081	−3,113	−897	2,970	−739	745	−8,816

※「本業利益」は「営業利益」から「支払利息」を差し引いた利益を指します。

私たちは、重要な「設計図」を作成しています。経営を黒字化していくための「設計図」です。**赤字の経営計画でスタートするわけにはいかないので、このやり取りを繰り返し、翔大さんには何回も経営計画を作り直し**ていただきました。すると、ようやくトントンの数字にところまで来ました。

いや、それでもトントンだったと言うほうが正確です。正直なところ、この時点で黒字化の道筋が見えていないのは、想定外でした。

日本の中小企業は、約7割が赤字の状態です。1000万円以上のまとまった利益を実現できている中小企業はかなり少ないでしょう。なぜ利益が出ないのか？ ストレートに伝えると、経費を使いすぎているからです。正しいお金や経費の選択が間違っているからです。

私たちはクライアントに対して、月次決算を実施しています。たとえ最新の試算表がなくても実施します。その目的は「正しい経費の使い方」を知ってもらうためです。会計事務所という第三者のチェックが毎月入るだけで、企業の経費はどんどんスリムになっていきます。やっていることは、パーソナルトレーナーと同じです。はじめに「山口食品は売上4億円を継続できれば黒字化を実現できる」と考えた根拠は、経費をスリム化さえすれば、十分黒字に転換できると考えたからです。

しかし、結局のところ、トントンが限界でした。私たちの思惑が大きく外れたことになります。

これ以上、経費を削減することはできない。リストラするわけにもいかない。私は原点に戻るつもりで、いくつかのスーパーの棚を見に行きました。そこには、山口食品の商品が並んでいます。

陳列されている山口食品の商品を見て、私は決断しました。翌日、翔大さんにその内容を伝えます。

「商品すべての単価を見直すしかないかもしれません」

翔大さんは大いに戸惑っていました。食品は毎日の食卓にのぼる身近なものだけに、値上げについてはかなり抵抗があったようです。そこで、**一度それぞれの商品がどのくらいの利益を生んでいるか計算してもらったところ、価格設定時の頃と比べて各商品の**

利益が想像以上に少なくなっていることがわかりました。

翔大さんは、社長と相談してついに値上げに踏み切ることを決断しました。「これ以上、赤字を続けていくわけにはいかない」という強い覚悟があったのだと思います。商品の単価を見直すリスクは当然あります。コロナ後の現在の状況と違い、まだまだ日本はデフレが続いていました。そんな状況での値上げはかなり勇気が必要です。値上げによって既存店との取引が2割ほど減ることを見越して、経営計画を再度練り上げることにしました。売上が減少するかもしれない。それでも黒字化を果たすために、私たちと翔大さんは再スタートを切りました。

結果　計画を大きく上回る利益を実現

最終の経営計画を作成してから、半年が経過しました。値上げも実施しました。**最終の経営計画という「設計図」にたどり着くまで、翔大さんは10パターン以上の経営計画を作成した**ことになります。

想像してみてください。翔大さんがどんなことを考えていたか？

「本当に値上げをしてもいいのだろうか？」

「取引先は2割よりもっと減ってしまうかもしれない」

「自分の今回の決断は正しいのだろうか？」

そんなことを考えながら現在と未来を行ったり来たりして、想像して、悩んで「設計図」を作り上げました。ここまで深く考えた経営計画の場合、未来はその計画通りに進んでいきます。なぜなら、実現可能性を高めるために、ネガティブな情報も盛り込んでいるからです。その上で、想像した未来と現実とのギャップを早いタイミングで察知するためにモニタリングを行うため、より精度が上がるのです。


有限会社山口食品は、**2022年6月期において、経常利益2930万円を達成**しました。取引先が減ることを予想していたので、新規の取引先を開拓していたことにくわえて、結果的に既存の取引先も思ったほど離れなかったことで、売上高は計画時よりも上回る結果となりました。商品の値上げを実施したことで変動費率（変動費には材料仕入・運送費・包装費などを含む）が大幅に下がったこと、固定費のスリム化を実現したことが勝因と言えます。何よりも、管理会計の知識のなかった翔大さんが山口食品のために幾度となく経営計画を作成し、勇気ある行動を取ったことで理想とする未来を実現したのだと思います。

現在は材料費の高騰や水道光熱費の増加などもありますが、２０２４年6月期の着地予想は売上が4億５２００万円、変動費率は39・２％、経常利益は３４７０万円の見込みです。もちろん、毎月のモニタリングを実施していますので、近い未来の決算の精度はかなり高く、ほぼこのままの数字で着地するでしょう。

翔大さんは「ずっと１０００万円以上の赤字を出してきた自分たちが、本当にこんなに利益を出せるのかと疑心暗鬼でしたが、いまでは数字に自信を持てるようになった」と語ってくれました。

私からすると、素直に私たちの話を聞き、不安を抱えながらも山口食品の未来を信じ続けた翔大さんの姿勢を心から尊敬します。そして今回、この本を手に取っていただいた中小企業の経営者の方々にぜひお伝えしたいのが、**日本の中小企業こそ大きな利益を実現するポテンシャルを持っている**ということです。ぜひ、その可能性を信じていただきたい。

山口食品は、いまの時代に合った大きな利益を生み出す商品を持っていたわけではありません。昭和26年創業時から守り続けてきた「良いもの」を、ただ愚直に世の中へ提供してきただけです。

多くの中小企業も同じように「良いもの」にこだわり、プライドを持って事業を営んでいることと思います。その大事な部分は残したまま、会計のブラッシュアップさえすれば、きっと山口食品のように大きな利益を実現できる。その可能性を、私は信じています。

Case 4

決算着地予想

プロコンサルタントの嗅覚をクラウド会計で実現

企業DATA

SHコンサルティング株式会社(仮名)

代表:山本社長(仮名)
業種:コンサルティング業
業歴:14期
年商:2億
従業員数:4名

SPEAKER 鈴木

課題 **税理士と経営者の感覚が合わない**

SHコンサルティング株式会社は、山本社長が少数精鋭でコンサルティング業を営んでいらっしゃいます。経営スキルがとても高く、これまで数多くの出版をされており、全国のセミナーはいつも満員というキレッキレの社長です。前期の売上高は約2億円まで増加し、年々順調に伸びてきています。

また、経常利益についても、1310万円、948万円、446万円と来て、前期では2980万円まで大きく増加しています。

一見、順風満帆に見える山本社長ですが、悩みがありました。どんな経営者であっても、悩みはあるということです。

「どれくらいの売上を目指せばいいのだろうか？」

「どれくらいの売上で、どれくらいの利益が残るのだろうか？」

そんな**山本社長の感覚と顧問税理士が作成する試算表にズレが生じていたため、現状を把握するのに時間がかかっていた**そうです。

「もっと実態を数字で表すことはできないのだろうか？」

「もっと早い段階で決算の着地を把握することはできないのだろうか？」

そんな悩みがいつも頭の中で、グルグルと回っていました。

対策　b・i・x・idで決算着地予想を確認

ちょうどそんなタイミングで、以前から面識のあった私（鈴木）がb・i・x・idの話を伝えました。**b・i・x・i・dの画面を見たときに、「これだったら、自分の頭の中のイメージと数字が合う」と、直感した**そうです。山本社長は、その場でb・i・x・i・d導入を決断しました。

山本社長に限らず、数字に強く、自立した経営者はb・i・x・i・dを紹介すると「こんなシステムがもう日本にあるんですね」と、みなさんおっしゃいます。その理由は、経営者ご自身の経営に対する嗅覚みたいなものがあり、常に数字をイメージしているからです。頭の中でイメージした数字と、会計事務所が作成する試算表や決算書がズレるたびに、ストレスを感じながら経営と向き合わなければならない。このような悩みを抱えている経営者は結構います。

Case2でもお伝えしましたが、まずは毎月の試算表を実態に合わせていかなければなりません。経営者の頭の中のイメージと数字を合わせていくことで、b・i・x・i・dの〝見える化〟は最大限に活かされます。

とくに売上の計上時期と経費の計上時期に大きなズレがある業種では、実態と離れた試算表になりがちです。顧問税理士は、このズレを最終的に年次決算タイミングで、減

図7 損益推移(棒グラフ)

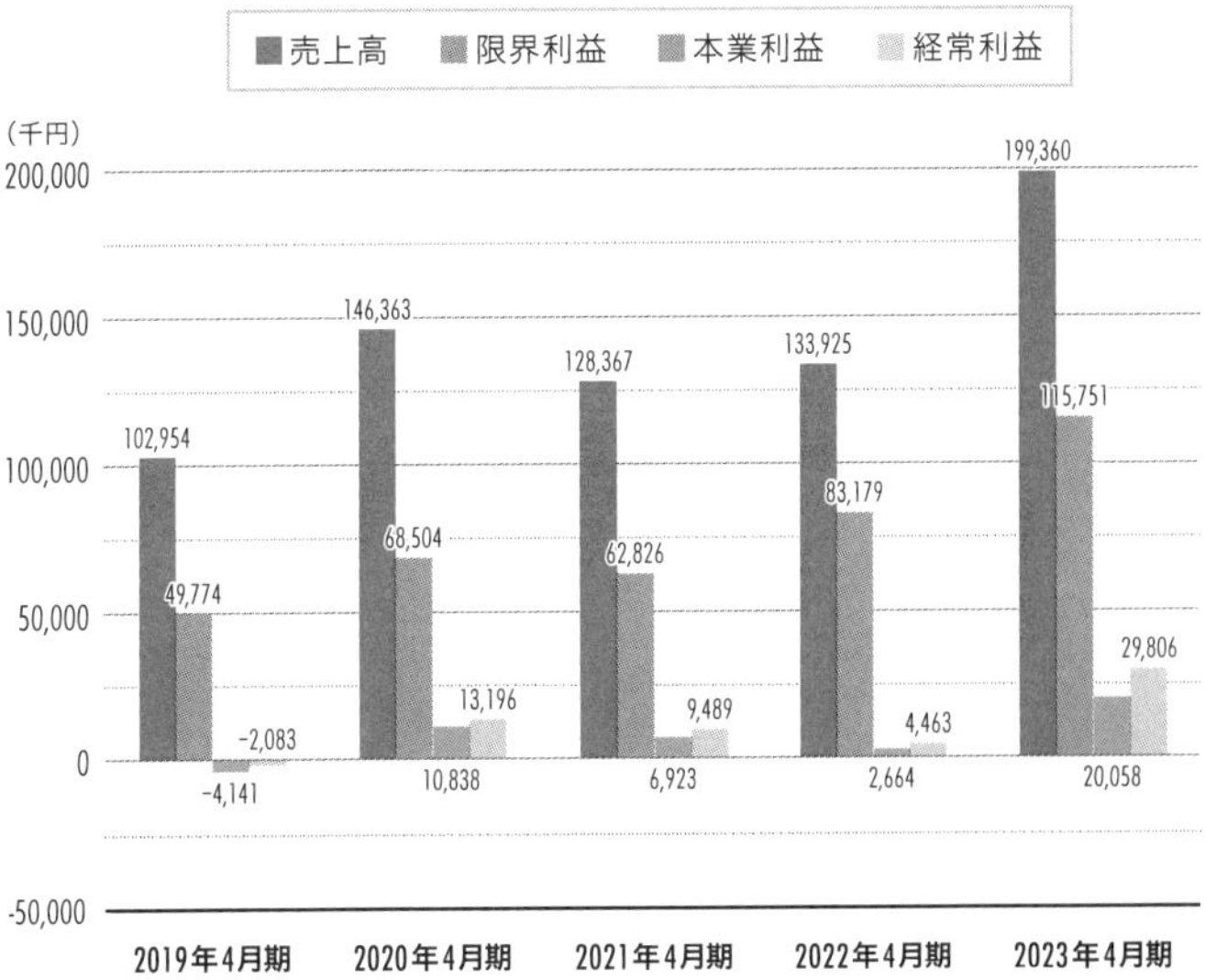

※「本業利益」は「営業利益」から「支払利息」を差し引いた利益を指します。

図8 損益推移

単位:千円

勘定科目	2019年4月期	構成比	2020年4月期	構成比	2021年4月期	構成比	2022年4月期	構成比	2023年4月期	構成比
売上高	102,954	100.0%	146,363	100.0%	128,367	100.0%	133,925	100.0%	199,360	100.0%
変動費	53,179	51.7%	77,858	53.2%	65,541	51.1%	50,747	37.9%	83,610	41.9%
限界利益	49,774	48.3%	68,504	46.8%	62,826	48.9%	83,179	62.1%	115,751	58.1%
固定費	53,915	52.4%	57,665	39.4%	55,904	43.6%	80,516	60.1%	95,693	48.0%
本業利益	-4,141	-4.0%	10,838	7.4%	6,923	5.4%	2,664	2.0%	20,058	10.1%
経常利益	-2,083	-2.0%	13,196	9.0%	9,489	7.4%	4,463	3.3%	29,806	15.0%

※「本業利益」は「営業利益」から「支払利息」を差し引いた利益を指します。

価償却費や在庫・仕掛品の計上などにより修正を行います。そのために、決算が確定するまで今期の着地利益が見えないのです。言い換えれば、利益が出ているのか赤字になっているのかわからないまま、経営者は毎日事業と向き合っていることになります。

こういう状況が続いた場合、経営者はどうなるでしょうか？

「顧問税理士や会計事務所の担当者の話を聞いても、あまり意味がない」と、私たちにとって非常に残念な評価になってしまうわけです。

では、どうすればいいか？

毎月、在庫を計上する癖をつけてください。もちろん、Case2の105ページで述べた試算表の修正を行いながらです。「癖」が大事です。

細かい原価計算を最初から行うというのではなく、大まかな計上でOKです。今月1000万円の仕入れを行い、その売上が2カ月後になる場合、それまで「在庫」として1000万円、計上しておけばいいのです。すると「仕入れのあった今月は1000万円分の赤字が計上されてしまう……」という意図しない事態を修正できます。

「月次決算」というのは、「年次決算」を毎月行うイメージです。ただ、年次決算の処理を毎月行うのは、かなり大変な作業です。そこで金額の大きい減価償却費や在庫、賞与引当金など、重要度の高い部分だけでも実態に近づけていくことができれば、経営者のイメージとb・i・x・idに表れる数字が少しずつ近づいていくでしょう。

細かい話は抜きにしても、まずは「こうしたいな」というゴールのイメージを持っていただきたい。そこから逆算して手法を調べていくと、b・i・x・idだったり、クラウド会計（自動仕訳機能もかなり充実してきています）だったりと、「やり方」はいまの時代たくさん存在しています。だからこそ、昭和のままの会計にとらわれずに、令和の時代の会計にブラッシュアップしていってほしいと思います。

現在、山本社長と私たちはモニタリングによる月次決算を実施しています。**毎月の数字が〝見える化〟されており、現場で感じる社長の感覚とb・i・x・idはとてもマッチしています。**わからない部分は総勘定元帳で即座に確認できるため、モヤモヤはあっという間に解消されます。山本社長のストレスがかなり軽減されることが、おわかりになるのではないでしょうか。

「日本の多くの経営者がb・i・x・idの存在を知り、b・i・x・idを導入すれば、経営はもっと改善されますね」とは、山本社長の言葉です。また、**「このまま売上を出していけば、これくらいの利益になるだろう」という決算着地予想も毎月確認することができるため、ご自身の意思決定も早くなった**と喜んでいらっしゃいます。

私が会計事務所の業界に入ったのは25歳のとき、約30年前になります。長い間、中小企業の黒字化支援を行いながら、「どうすればもっと多くの企業を利益体質に変えられるだろうか」「どんなシステムを導入すれば企業のためになるだろうか」をずっと考えながらさまざまなシステムを試した結果、b・i・x・idにたどり着きました。私も山本社長同様、常にイメージしていたので、b・i・x・idを知ったときに「これだ！」と、その場で決断しました。

b・i・x・idで経営計画を作成すると、わずか30分ほどで叩き台ができあがります。過去の仕訳から80％ほど自動で作成されるためです。b・i・x・idを導入する前は、私でも半日から一日かけて経営計画を作っていたので、この時間短縮には驚きです。もはや発明と言えるでしょう。

その上で、今期がスタートするタイミングで山本社長にヒアリングをしながら、決算着地をシミュレーションします。12カ月後の着地予想です。

「5月には3000万円ほどの売上が確定します」

「8月には2000万円ほどの仕入がありそうです」

「今期はコロナ後なので、旅費交通費が毎月20万円ほど増加しそうです」

こうして、いまの情報をもとに12カ月後の「利益がどうなるか」を盛り込んでいくわけです。そして毎月のモニタリングのなかで作成した経営計画を、柔軟に修正していきます。この結果、山本社長の頭の中には、常にリアルな決算着地のイメージが描けていることになります。

結果　決算の数字をハンドリングできるようになった

優秀な経営者の場合、「定点観測」を自ら行っています。正しい「行動」をしていれば、正しい「結果」が導かれるという考え方です。そのため、いま正しい行動をしているだろうか、いま正しい時間の使い方をしているだろうか、いま正しい選択をしているだろうか、というチェックが「定点観測」になります。

山本社長は定点観測の達人と言えるでしょう。そして、それが数値となって表れるのが「接待交際費」です。

山本社長の趣味はゴルフで、いろんな取引先とラウンドを楽しまれます。私も一緒にラウンドすることもあります。モニタリングのなかで、私は接待交際費をチェックします。接待交際費が少ない月は、山本社長が忙しいために好きなゴルフに行けなかっただろうと想像します。経営者と税理士の会話のなかで、「松本さん、もう少しゴルフに行けませんか?」と、私は伝えます。山本社長の心と体が健康な状態だからこそ、最適な結果が生まれますので、こういうやりとりになるわけです。

頭の中のモヤモヤが晴れていくと、経営スキルを持った経営者は結果がついてきます。優れた経営スキルとは、「優れた選択」を実践することを意味します。山本社長はもともと優れた経営スキルを持っていたからこそ、利益の確保に成功したことは言うまでもありませんが、それよりも重要な変化は、**山本社長自らの意思で決算の数字をハンドリングできるようになった**ことです。たとえば、「今期にどの契約を取り込むか」「来期に向けてどのように拡大できそうか」と、山本社長ご自身が判断し、実行するのです。これは**ｂｉｘｉｄの導入により、〝数字を戦略的に考える時間〟を確保できるようになったことで実現できた**のだと思います。

最後に、山本社長の声を紹介しておきましょう。

「かつての私のように、誰にも理解されずにモヤモヤしている経営者はたくさんいるはずです。自分と同じように悩んでいる経営者が、数字をいち早く理解し、自分自身の時間の使い方を知ることができれば、もっと前向きに経営することが可能となりますね」

Case 5

損益分岐点売上

保育士全員参加型経営で会計スキルを保育園運営に

企業DATA
社会福祉法人光和会
代表：宜野座代表
業種：企業主導型保育園・小規模認可保育園
業歴：32期
年商：６億
従業員数：156名

SPEAKER
鈴木

課題　従業員の定着率を上げたい

社会福祉法人光和会は、沖縄県で企業主導型保育園や小規模認可保育園の運営などの児童福祉事業、特別養護施設やグループホームの運営などの高齢者福祉事業を展開しています。

福祉事業は、国や自治体からの補助金や報酬（点数制度）に大きく影響されるという事情もあり、どこも非常に経営が厳しい状態です。病院や歯医者などは自費診療という選択肢もありますが、保育園や高齢者施設にそれはありません。

もともと人手不足の業界なのに、職場の環境や条件が厳しいので従業員がどんどん辞めてしまう。社会福祉法人光和会でも、そんな負のスパイラルが続いていたそうです。

そこへきて、新型コロナウイルスの影響です。乳幼児や高齢者を対象とした施設にとって、この4年間は非常に厳しい期間となりました。理想としては、**もっと多くのスタッフを雇いたいのですが、補助金や点数の減少により、十分な人材を確保することが困難**になっている。社会福祉法人光和会に限らず、現在の日本が直面している大きな問題の一つとなっています。

対策 情報を共有して全員の経営参加を促した

こうした業界の問題に対して、「国のせいとか、自治体のせいとかにしても仕方がない。自分たちで変えていくしかないでしょうね」という宜野座代表の言葉から、スタッフを含めた月次ミーティングがスタートしました。

「まず仲間たちが辞めないためにはどうすればいいのか」「やりがいのある、働きがいのある職場に変えていくには何をしたらいいのか」と、スタッフのみなさんにそれぞれ考えていただき、発言してもらうところから始めました。

保育業界では、「保育の2025年問題」があります。これは2025年に保育園の利用児童数がピークになり、それ以降、保育園の利用児童数が定員まで到達しない「定員割れ」を起こす保育園が増えるという問題です。

そんな問題を抱えている業界なのですが、相変わらず保育士不足が続いています。給与などの待遇面、職場の人間関係、過酷な労働環境など、保育士不足の要因はさまざまです。

待機児童問題を改善するため、多くの自治体は保育所の数を増やして待機児童数を大幅に減らしましたが、その反動が現場で働く保育士の負担になってしまっていると言えます。少子化の対策を考慮したとき、保育士という職業は日本においても重要な職業である反面、「事業」という側面から捉えたときに、難しいビジネスの一つと言えるのではないでしょうか。

私（鈴木）がスタッフのみなさんに最初に伝えたのは、次のようなことでした。

「これからの日本は、働き方がどのように変わっていくのか？」

「女性が社会進出を真剣に考えたとき、どのような弊害があるのか？」

「心理的安全性はどのように現場に浸透していくのか？」

数字面よりも、まずは本質となる考え方について伝え、あらゆる課題について「自分ごと」として考えてもらいたいと思ったからです。

これは保育事業に限らず、どの組織でも言えることですが、昭和から続くビジネスモデルでは、なかなか日本人の給与は上がっていきません。何よりも、「自分自身で給与を上げていく意識」が必要であり、そのためには組織を通じて自分たちの仕事が社会にどのように貢献しているかを考える必要があります。国からの点数基準が変わったのであれば、現在のルールのもと、どうすれば現場が改善されるかを経営者だけでなく、保育士さんや看護師さんなど現場のスタッフも一丸となって考えなければならない、と私は何度も伝えました。

はじめは一方的に聞いていたスタッフの方々が、月次ミーティングにおいて徐々に質問をしてくるようになりました。次に、各自が現場で考えたことを行動に移すように変わり、「こうすれば加点されると思います」「現在のままだと現場が疲弊してしまうので、0歳児の受け入れは少し先まで延ばすことにしました」など、明らかにミーティングへの参加姿勢や発言内容に変化が表れてきました。

そして、**SNSの活用**です。

「私たちの保育園は、こんなに働きやすいですよ」「こんな顔をして子どもたちも楽しんでいますよ」とアピールするために、たとえば保育士さん自身が園内を動画で撮影してインスタグラムにアップする活動を始めました。

また、この頃から、月次ミーティングのときには、「損益分岐点」というキーワードがよく出てくるようになりました。b·i·x·idには「損益分岐点売上（137ページ下段のQRコードを参照）」という項目が表示されます。これは、「この数字よりも売上が高ければ黒字、低ければ赤字」という分岐点のことです。

会計情報の共有はb·i·x·i·dの最も得意とする機能の一つですから、**全従業員がいつでもこの数字を見ることができるようにして、自分たちが1カ月にどれくらいの収入を得れば損益分岐点売上に届くのか、そのためには点数があといくつ必要なのか、スタッフのみなさんにも確認してもらうようにしました。**

その結果、「0歳児が5月には2人入園されます」「7月から看護師さんの入社が決まりました」など、スタッフ一人ひとりが未来の具体的な話を次々と発表するまでになっていました。

結果　定着率と収益が同時にアップした

まず、スタッフ採用に関する問題は少しずつ解消されていきました。インスタを見て「ここで働きたい」という人が増えたのです。これはコスト面から言っても大きな変化でした。

これまでは人手不足のため採用広告費にコストをかけていたのですが、**いまはハローワークとＳＮＳを中心に人が集まるので、採用コストが大幅に減少した**のです。

次は、会計の面から見てみましょう。

さまざまな社会福祉関連の事業を展開しているなか、大きく変わったのが企業主導型の保育園です。１３７ページの図９を見ていただくと、売上高は全期間で前期を大きく上回っていることがわかると思います。

また、１３７ページの図10をご覧いただくとおわかりのように、**２０２４年３月期における年間売上は、前期を２０００万円ほど上回り、最終利益も前期から黒字転換したばかりか、１３７０万円という数字を実現**しました。保育園のこの結果は、ともに学んできた社会福祉法人光和会の仲間たちにも勇気を与えました。

「自分たちでここまでの結果を出せるんだ」

スタッフのみなさんの顔や言葉には「必ず結果を出すんだ」という決意が表れ、各現場の空気感はこの数年間で大きく変わりました。

行政との絡みがあるなかで、なぜこの数字を実現できたかというと、やはりスタッフ

図9 売上推移表(部門別　企業主導型保育園)

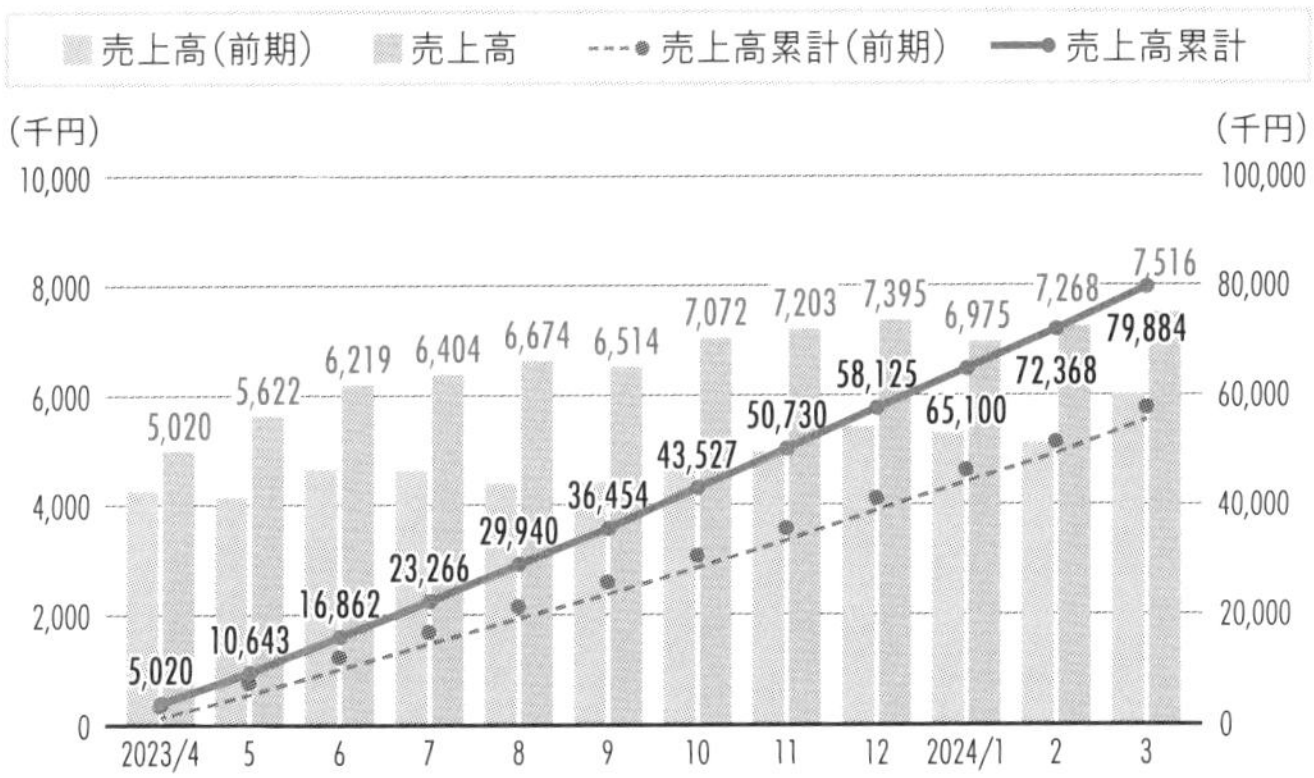

図10 損益推移(部門別　企業主導型保育園)

単位：千円

勘定科目	2020年3月期	2021年3月期	2022年3月期	2023年3月期	2024年3月期
売上高	20,500	39,518	58,598	58,159	79,884
変動費	3,685	4,058	4,845	5,658	7,775
限界利益	16,815	35,460	53,753	52,501	72,109
限界利益率	82.0%	89.7%	91.7%	90.3%	90.3%
固定人件費	22,610	33,599	45,382	43,374	47,406
戦略固定費	1,064	1,303	1,495	1,875	1,703
一般固定費	8,741	8,265	8,960	9,042	9,143
固定費	32,415	43,167	55,837	54,291	58,252
営業利益	-15,600	-7,707	-2,084	-1,790	13,857
経常利益	-16,234	-8,051	-1,694	-2,070	13,706

「損益分岐点売上高」とは？
※動画：1分08秒

のみなさんがそれぞれ本気で考えたからだと言えるでしょう。目の前で起きていることが「自分ごと」になったからだと思います。

児童福祉事業や高齢者福祉事業など、いまの時代において多くの課題を抱える事業を展開しているがゆえに、経営者と現場のスタッフが近い目線で問題を共有しながら、心理的安全性が担保された組織に変革していく必要があります。私は税理士として長年、黒字化支援をしてきた立場だからこそ、数字だけでは到達できない「本質」の重要性を誰よりも認識していましたが、今回の社会福祉法人光和会の事例を通じて、そのことを再認識することができました。

現在も毎月、愛知県と沖縄県でリモート会議を実施しています。そこには毎回10人ほどのスタッフさんが参加されます。そして「この1カ月間、いかがでしたか」ということちらの問いに対して、「現状はこうです」「損益分岐点売上まであと何人です」など、具体的な報告が返ってきます。これを**経営者ではなく、スタッフの方々が答えることに、本当に強い組織として生まれ変わったことがうかがえる**と思います。

Case 6

KPI

30代のプロ集団が驚くべき早さで会計を吸収

企業DATA
株式会社COA
代表：青木社長・小西社長
業種：美容院業
業歴：24期
年商：６億
従業員数：60名

SPEAKER 鈴木

課題
自分たちの数値目標が正しいかわからない

２０２４年２月26日、六本木グランドハイアット東京にて「HOT PEPPER Beauty AWARD 2024」の授賞式が開催されました。株式会社ＣＯＡは、ベストサロン部門において、「GOLD Prize」を受賞しました。これは、オープンして３年に満たない店舗としては異例の快挙です。

株式会社ＣＯＡは、美容室を経営する若手のプロフェッショナル集団です。高い技術力とリピート率の高さから予約困難なインフルエンサー美容師を集め、銀座の一等地に構えた店舗を運営しています。

現在4期目という若い企業で、143ページの図11、図12には創業からのすべての数字が記載されています。

売上は1期目に9620万円、2期目に3億5820万円、3期目に5億4317万円と、すさまじい勢いで増加しています。**経常利益は1期目が695万円、2期目が1503万円でしたが、3期目にはマイナス2404万円となりました。売上は大きく伸びたにもかかわらず、経常利益がマイナスに転じた**ことがわかります。

株式会社COAに限らず、勢いよく売上を伸ばしている企業の場合、コストのハンドリングが難しくなります。車を運転する場合、時速30kmで運転する場合と時速100kmで運転するときのハンドリングをイメージしてください。

経営においても同じで、それだけスピードが増した場合、コストやキャッシュにおける変動幅が大きくなるため、管理のスキルがこれまで以上に求められます。車で言うと「スピードメーター」で速度を管理し、経営で言うと「管理会計」で管理するイメージでしょうか。

さまざまな企業の相談に乗っていると、まだまだ多くの企業が「売上増加」にとらわれていると感じます。これまで取り上げた事例（Ｃａｓｅ）でも紹介しているように、売上は結果的に伸びていくものであり、いま日本の中小企業が真っ先にやらなければならないのは「正しい経費とお金の使い方」に修正することです。従来通りの感覚に頼った経費の使い方を継続してきた結果、多くの企業の体はメタボになっています。メタボの状態で売上をいくら追いかけたところで、利益は残りません。「売上さえ上がれば利益が出る」は錯覚なのです。

株式会社ＣＯＡが、**2期目から3期目は売上が2億円近く伸びているのに、赤字になった理由は、人件費の増加**です。美容室の場合、売上を増やしていくには、スタイリストの増員は必要不可欠です。**この場合、粗利に対する人件費の管理が非常に重要となります。「労働分配率」です。**１４３ページの図12を見ていただくと、２０２３年5月期の労働分配率（人件費÷限界利益）が71・６％まで上昇しています。仮に、労働分配率が他の年度同様に65％ほどであれば、この期の経常利益は、760万円ほどの黒字の結果だったと予想されます。実際に2024年5月期決算予想の労働分配率は65・2％です。人件費は前期よりも6182万円増加していますが、労働分配率がコントロールされた結果、最終利益予想は2414万円となっています。赤字の原因は経営手法ではなく、労働分配率のコントロールにあったのです。

一方、当時の青木社長は、事業拡大に伴う日々の意思決定に追われていたため、赤字に転落したことを知ったのは前期決算が顧問税理士より上がってきた7月だったそうです。黒字着地のつもりでいたのに、実際には赤字だった。しかも2000万円を超える赤字を前に、ショックは大きかったといいます。

株式会社COAは、青木社長と小西社長の共同代表です。お二人は美容専門学校の同級生で、ともに30代の若き経営者です。株式会社COAの幹部は6人いますが、そのほとんどもまた同世代です。青木社長は、社員のことを第一に考えた類いまれな経営手腕を備え、スタッフ教育や新商品開発など、株式会社COAの頭脳として経営の舵を取っています。韓国・台湾などのアジア圏からも、すでにセミナーオファーが来ており、セ

図11 **損益推移**(棒グラフ)

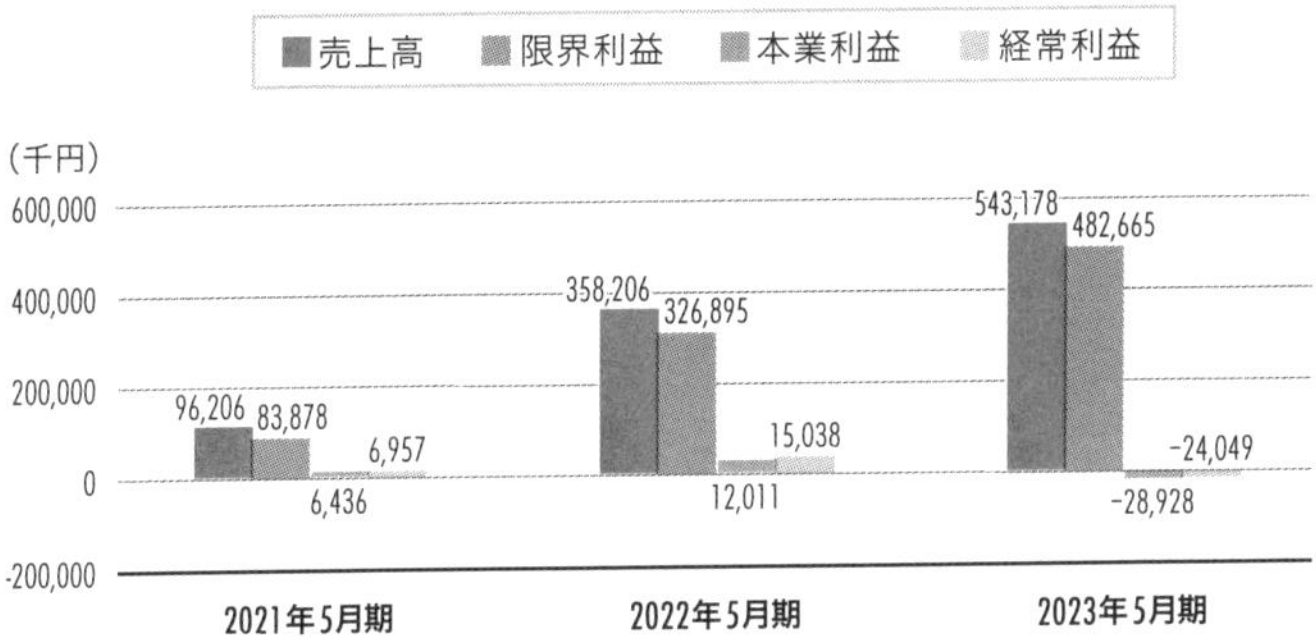

※「本業利益」は「営業利益」から「支払利息」を差し引いた利益を指します。

図12 **損益推移**

単位:千円

勘定科目	2021年5月期	2022年5月期	2023年5月期	2024年5月期(予想)	2025年5月期(計画)
売上高	96,206	358,206	543,178	715,475	925,000
変動費	12,328	31,311	60,513	90,583	86,951
限界利益	83,878	326,895	482,665	624,892	838,049
限界利益率	87.2%	91.3%	88.9%	87.3%	90.6%
固定人件費	36,550	194,091	345,456	407,278	543,055
労働分配率	43.6%	59.4%	71.6%	65.2%	64.8%
戦略固定費	31,623	81,127	148,364	183,509	209,536
一般固定費	9,270	39,297	15,187	17,532	21,910
固定費	77,443	314,516	509,008	608,320	774,502
営業利益	6,435	12,379	-26,343	16,572	63,547
経常利益	6,957	15,038	-24,049	24,148	65,482

ミナー講師としても引っ張りだこです。また、小西社長は、SNSの総フォロワー数が80万人。個人の年間売上が1億円を超えるカリスマ美容師です。

そんな彼らが奇跡的に同級生として出会い、株式会社COAは誕生しました。まだまだ年齢の若い彼らが、今日の結果を出すまでには、かなりの努力を重ねてきたはずです。ともに戦ってきた彼らは、お互いを尊敬し、認め合い、自宅は隣同士で住むほどの関係です。

株式会社COAは、美容業界のこれまでの固定観念にとらわれない経営を行い、これだけの急成長を実現してきました。彼らは「これは無理かな……」とは考えません。必要であれば、どうすれば実現できるかを、徹底的に探求してきました。そんな彼らの姿勢を、顧問税理士や金融機関の担当者が理解するのは難しかったかもしれません。結果的に、株式会社COAは、この3年間で2回ほど顧問税理士が変わっています。決算で赤字を出したことで、金融機関からの融資においても苦労しました。

私のまわりには、ストイックな経営者がたくさんいます。青木社長や小西社長のように、これまでのビジネスモデルの欠陥に挑み続け、過去にとらわれない経営と正面から向き合い、新たな正解を追求する経営者たちです。

彼らこそ、経営に専念すべきであるにもかかわらず、ブレーンとなる会計事務所や金融機関は古い体質のままです。やるべきことはわかっている。私たち会計のプロフェッショナルが率先して会計をブラッシュアップしていけば、日本の中小企業はもっと強くなれます。「事業性評価」という未来の可能性を担保とした融資を実現していけば、日本の中小企業はもっと挑戦できるのです。ただ、やるべきことはわかっているのに、まだ実現はできていません。

ある方のご縁で株式会社ＣＯＡに対して、はじめてヒアリングを行ったとき、私は驚きました。自分たちでＫＰＩをしっかり設定していたのです。私からの数字に関する質問に対して、代表以外の幹部からもその場で回答がありました。つまり、**彼らはいつもKPIを真ん中に置いて意識していた**のです。

美容師の個人年間目標売上は、７００万円と言われます。年間で１０００万円を超えるのは簡単ではありません。しかし、彼らは言いました。

「僕たちの個人目標は、3500万円です」

鏡が57面あって、客単価が1万9000円。スタッフはメインのスタイリストからサポートメンバーまで含めて70人います。これをベースにして「目標は鏡1面あたり、1日に3・5回転」という具体的な数値目標を組み立て、会議を通じて全員で共有していました。想定通りに進むと、年間の売上は8億円を超える計算です。

しかし、実際にはKPIの通りに進捗していなかった。

「なぜシミュレーション通りにいかないのだろう？」

「自分たちが設定したKPIは正しいのだろうか？」

そんな迷いを抱えながら、b:i:dをプラットフォームにした月次モニタリングがスタートしました。

対策 広告・宣伝にコストをかけた

実際に私が数字の面から調べてみると、鏡の回転率が1日あたり2・8回転であることがわかりました。これに対して彼らは、「感覚的には、そんなに低いはずはないと思っていた」と驚いていました。数字と感覚とでは、これほどの開きがあるのです。

回転率が上がらなかった要因は、経費のかけ方にありました。彼らはすでにブランドが確立されていましたし、銀座の一等地にあるため顧客が集まる状況もあったので、そこに力を入れる必要性をあまり感じていなかったのかもしれません。そこで、**これまでよりも重点的に広告費に予算を投入**することにしました。KPIの目標である鏡1面あたり、1日3・5回転を達成するためです。

株式会社COAのスタッフは優秀です。社員のマインドとモチベーションは保たれているので、あとは**鏡の回転率を上げることだけに焦点を絞って修正していけば、自動的に目標数値に達するはず**です。まさに管理会計の考え方です。

結果　目標数値に届くのは時間の問題

まだ今期の決算は確定していませんが、**2024年5月期決算着地は、24144万円**

の予想です。実際にはKPIで設定した「1日あたり3・5回転」はまだ達成できていないのですが、彼らがやりたいことをやって、目指しているところ（KPI）を追い続ければ、売上8億円はすでに通過点です。2025年5月期計画は、売上高9億2500万円、経常利益6548万円を見据えています。売上が増加したとしても、**労働分配率を65%前後でコントロールさえしておけば、この経常利益は十分実現できます。**

株式会社COAは、世界を見ています。

「COAというブランドを確立させ、サロンとして、メーカーとして、日本の美容の素晴らしさを世界に発信していくことが使命だと思っています」

その使命を実現していくための手段として、売上は10億円を超え、経常利益も毎年1億円以上を追求していくでしょう。それらの結果が、彼らの目指したものが正しかったという証明になるはずです。

Case 7

会計ツール

常に成長していく組織はbixidを選択する！

企業DATA
株式会社ダイケン商会
代表：河村社長
業種：卸売業
業歴：54期
年商：42億
従業員数：25名

SPEAKER 鈴木

課題　経営の〝答え合わせ〟をしたい

私（鈴木）は、税理士である父親のもと、会計事務所の業界に入って約30年がたちました。この30年間、いろいろな経営者と会ってきました。いまもそうですが、いろいろな経営者の話を聞くことが好きで、その結果、私自身も成長させていただくことができました。現在の私があるのは、そんな経営者の方々のおかげです。

「うちの社員は優秀です」

河村社長は、初めてお会いしたとき私に言いました。

株式会社ダイケン商会は、豊橋に本社を構える食品関係の卸売業者です。河村社長は高校卒業後、アメリカへ渡り、東京の総合商社勤務を経て株式会社ダイケン商会に入社しました。「こんな経営者が豊橋にいるんだな」というのが最初の印象です。話をうかがっていると〝いまの時代に必要な要素を備えている〟経営者だと感じました。社員を大事にし、社員の家族のことや、クライアントをいかに守るべきかを考え、そのためにあるべき組織をデザインする。学ぶことに貪欲で、未来の創造に妥協をしない。もちろん、数字にも精通している。自分自身の感情をコントロールし、経営者としてどのような存在であるべきかを、常に考えていることがうかがえました。

河村社長曰く、**「スタッフが成長し、企業として新しいフェーズに入った。この段階では、経営の方向性を模索し、未来への舵取りを実行するにあたって、その答え合わせとして会計のプロの意見が非常に重要」**としつつ、**「ところが、これまで関わってきた専門家は必要なスキルのブラッシュアップが為されていない」**と辛辣です。

株式会社ダイケン商会は、1970年創業の食品原料を提供する総合食品卸商社です。河村社長は、3代目の社長になります。株式会社ダイケン商会は、全従業員の当たり前の幸せを実現するため、従来の総合食品卸商社から食品をデザインする企業へ移行するための「グランドデザイン2030」を掲げ、2030年にはこうありたいという姿を明確にしています。その戦略の軸となるのが、「サステナブル経営」です。

「卸売業の不要論が高まるなか、これまでの事業だけでは立ちゆかなくなると考えています。そこで、これまで弊社が培ってきた知識や経験に食品化学の知識を加えて、食をデザインすることに注力していきたい」と、河村社長は言います。

私のもとへ相談に来られる多くの企業は、利益体質にしたい、資金繰りを改善したいなど、いま現在の組織を「正しい形」にすることを望まれます。あるべき姿に組織が変化していくことで損益計算書は改善され、キャッシュフロー計算書は理想的な動きに変化し、第三者が納得する貸借対照表を実現していきます。そして、「現在」が理想的な組織として整ったときに、はじめて経営者の目線は「未来」へと注がれます。

河村社長は違います。はじめに未来があり、そこから逆算するのです。その未来も単なる「こうなればいいな」というものではなく、解像度の高い未来を追求するため、ポジティブな情報だけでなく、ネガティブな外的要因、内的要因を調査し、探求することで、「予測」という「未来の事実」を手に入れようとしています。そして何より、河村社長が創造する未来は、株式会社ダイケン商会全従業員の当たり前の幸せを実現するために存在しているのです。

もともと数字にめっぽう強い河村社長にとって、単なる会計の実績報告などは不要でした。**欲しいのは、あくまでも会計のプロによる「自社の経営の答え合わせ」であるということです。**月次ミーティングの場は、おもに河村社長の描く未来と私の想像する未来について、議論を交わす時間となります。

対策 bixidを提案

私は**bixidの導入を提案**しました。

河村社長に限らず、常に数字を追求している経営者はb・i・x・i・dを前にすると、必ず「こういうものが欲しかった」とおっしゃいます。

もともと3年ごとの事業計画を作成し、毎月の社内会議で進捗状況を追いかけていた河村社長にとって、**経営が想定通りに進んでいることが毎日リアルタイムで把握できるb・i・x・i・dは、願ってもないパートナー**だったのでしょう。

月に一度の会議は、「答え合わせの時間」です。社長のほうでも常にb・i・x・i・dの数字を追いかけているので、ミーティング自体もすごく短い。

「想定した通りに進んでいるみたいですね」「はい、OKです」という感じです。

また、これは非常に優れた経営スキルの為せる業ですが、毎月計画通りに進んでいるかを追跡するなかで、たとえば**計画を5％以上上回る結果が出たときには「問題あり」と捉え、すぐに原因を検証**します。その結果、計画通りに進まない原因を特定し、適切な修正を施すのです。これは「予想より上昇した」というのも、決して良い傾向ではないことを知っているからです。

「予想を上回ったのであれば、むしろ良い結果なのでは？」

普通はそう考えるでしょう。しかし、違うのです。

前もって上昇を想定していたのであれば、問題はありません。想定外の上昇は、ほとんどのケースでその後、反動がやってきます。その要因をあらかじめ検証しておかないと、のちに引き起こされる反動に対処できないことになります。

この考え方こそが、「未来予測会計」なのです。

結果 「想定された未来」の精度が上がった

b・i・x・i・dには売上、利益、キャッシュが想定通りに進んでいるかをチェックする機能が搭載されているため、これまで以上に精度の高い「現状分析」ができるようになります。つまり、**現状分析と具体的な決算着地を確認しながら、経営をデザインしていくことで「想定された未来」の精度も上がっていく**ということです。

河村社長は、「一度きりの人生、引退するまでの年数のなかで、自分自身の人生を思い描いた通りにコントロールしたい」とおっしゃいます。会社の状況はもちろん、自分

図13 損益推移(棒グラフ)

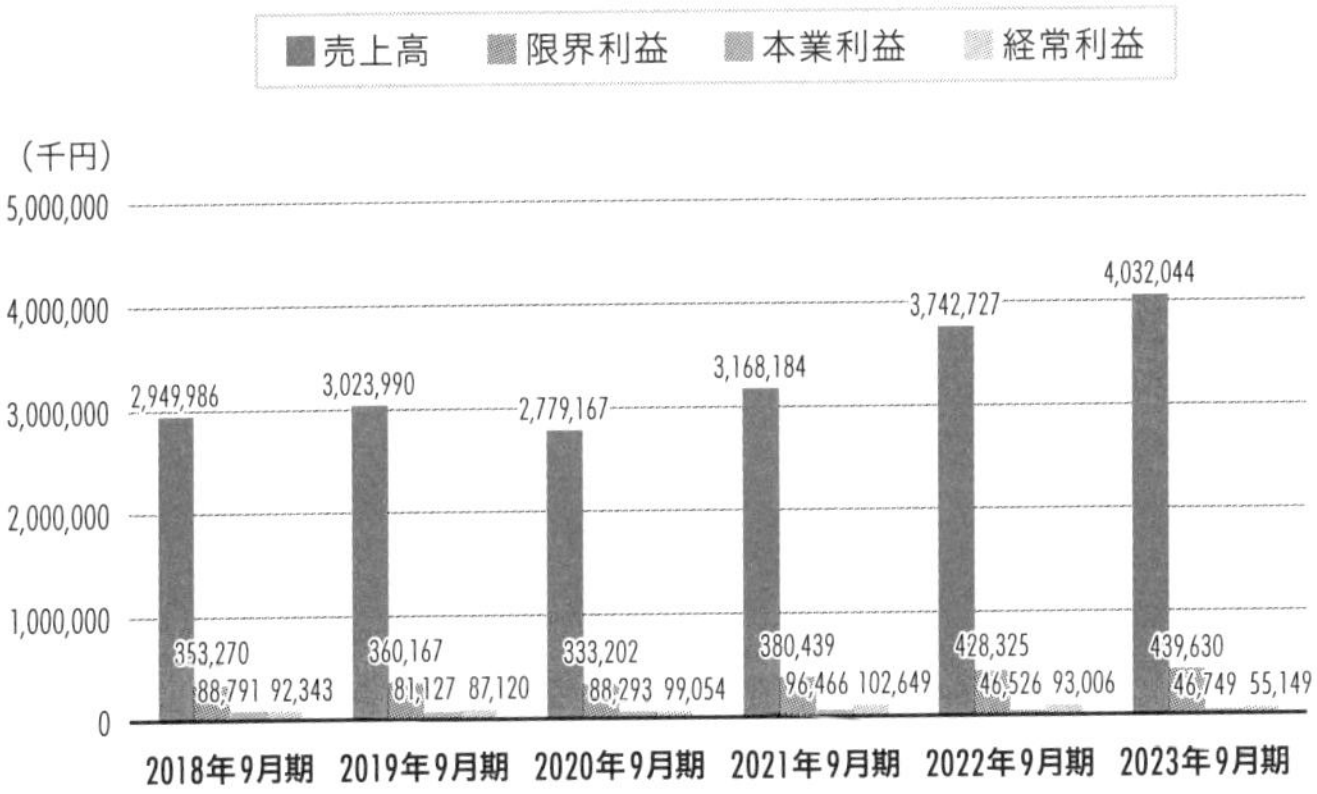

※「本業利益」は「営業利益」から「支払利息」を差し引いた利益を指します。

図14 損益推移

単位:千円

勘定科目	2018年9月期	2019年9月期	2020年9月期	2021年9月期	2022年9月期	2023年9月期
売上高	2,949,986	3,023,990	2,779,167	3,168,184	3,742,727	4,032,044
変動費	2,596,716	2,663,823	2,445,965	2,787,745	3,314,402	3,592,414
限界利益	353,270	360,167	333,202	380,439	428,325	439,630
限界利益率	12.0%	11.9%	12.0%	12.0%	11.4%	10.9%
固定人件費	196,654	200,979	182,676	216,313	262,271	267,805
戦略固定費	29,260	34,426	33,752	37,430	71,396	59,955
一般固定費	27,764	33,477	26,825	29,407	46,533	61,383
固定費	253,678	268,882	243,253	283,150	380,200	389,143
営業利益	99,592	91,285	89,949	97,289	48,125	50,487
経常利益	92,343	87,120	99,054	102,649	93,006	55,149

自身の財産のことまで含めて、すべて自分が設計し、その通りに進んでいく人生を目指したい。そういう次元の話です。

なぜ、私が現在の仕事が好きなのか？　なるべく長い時間、いまの仕事を続けたいと思うのか？

きっとこれからも河村社長のような経営者と出会うことを期待しているからだと思います。優れた経営者の話は、心からワクワクします。私自身の原動力となります。

第3章では、さまざまな企業の事例を紹介しましたが、そのすべてが日本の中小企業のリアルであり、社員や組織のためにもっと成長したいと考える経営者が、もがきながら成功をつかみ取ったエピソードです。

そして同時に、いまの時代に合った「経費やお金の正しい使い方」を全国各地に伝える税理士が、経営者と未来を共有することで、会計業界の仕事に大きなやりがいを持って臨んでいる、という話でもありました。

何らかの形で読者の方々のお役に立つことができれば、私自身うれしく思います。

第4章

bixid開発ストーリー

ｂｉｘｉｄはこうして誕生した

SPEAKER
岡本

未来予測会計の胎動とも呼べるムーブメント

弊社（ＹＫプランニング）がｂｉｘｉｄを開発したストーリーを語る前に、少しだけ日本の会計制度の歴史についてお話ししましょう。

高度経済成長期やバブル期には、多くの企業が利益を上げて潤っていたことはご存じと思いますが、当時の企業経営者の大きな課題の一つが税金をどう節約するか、つまり節税対策でした。いまよりもずっと税理士が求められていた時代だったのです。

ところが、その後バブルが崩壊し、さらにリーマン・ショックや新型コロナウイルスのパンデミックなど厳しい環境を経て、現在の黒字申告企業は全体の35・7％、だいたたい3社に1社という割合になっています。

この数字を多いと見るか、少ないと見るかは議論の余地がありますが、とにかくいまの世の中では、単に税金の申告会計を行って節税のアドバイスをするだけでは、経営者の期待に応えることは到底できません。まったくと言っていいほど、時代は変わってしまったのです。

そんな時代背景があり、私（岡本）が会計業界でキャリアをスタートさせた2000年代には、現在の未来予測会計につながるような新しい取り組みに対する関心が徐々に高まっていました。

たとえば、未来を見据えてどのように経営を継続させていくか、どのように従業員を豊かにしていくか、あるいは自分が作り上げた事業やビジネスモデルをどのようにして後世に残していくか――日本全体が未来を志向した経営にシフトしていくなか、「会計事務所は、しっかりと中小企業経営者の伴走者となるべきだ」という考え方が、ごく一部の情熱を持った会計人のなかで確かに存在していたのです。

高度成長期やバブルの時代、会計事務所は会計や簿記の専門知識を使って収支の計算や税金の申告、そして節税対策といった、いわゆる「過去会計」に費やしてきたと言えます。

未来志向の会計を模索していたあの頃から約20年の時が流れ、私が会計業界に感じているのは、いまだ多くの税理士や会計事務所が過去会計をするだけのマシン（機械）になってしまっているのではないか、ということです。でも、**会計の専門知識を未来に向けて活用すれば、もっと中小企業の経営者に付加価値を提供することができるし、私たち会計人も豊かになれるんじゃないか。**

こうした会計業界を巡る私自身の個人的な思いが、b·i·x·i·dの開発につながったわけです。

きっかけは企業再生プロジェクト

じつはb·i·x·i·dには、その前身となった会計ソフトがあります。弊社が2010年にリリースした「財務維新」です。

当初はおもに決算書の分析であったり、過去会計を整理したりといった、ごく基本的な機能に焦点をあてていましたが、そこから少しずつ進化し、過去のデータをもとに未来を予測できるシステムを目指すようになりました。

ただし、この時点のシステムは、おもに会計事務所向けに作られたものです。その理由は、私たち自身が会計事務所出身であり、当時は業界全体の付加価値をどう高めていくか、という視点でしか考えていなかったからでした。

ともあれ、**財務維新を開発する大きなきっかけとなったのは、私が関わった企業再生のプロジェクト**です。

これは2006年頃の話ですが、私が地元の山口県で活動していたときに、ある銀行の方と良い縁ができて、そこから再生が必要な企業の案件を直接依頼してもらうようになりました。リーマン・ショックの約1年前ですから、金融機関にとっても自己査定が非常に厳しい時期で、銀行もいわゆる貸し剥がしと呼ばれる措置を取らざるを得ない状況にありました。

そのとき、銀行の方から「この会社、資金繰りが大変なんだけど、銀行としては倒産してもらうと困る」という話をいただきました。銀行はリスク管理業務の一環として、融資先のなかでどのくらいの企業が倒産する可能性があるかを見積もり、必要な引当金を計上しています。このプロセスは、つぶれていく企業と、そうでない企業を銀行が区別し、適切な対応を計画するために不可欠なものです。

そのなかで、銀行サイドが「まだ倒産してほしくはないけれど、危険な状態にある」という企業の案件が、私のもとに届きます。これらの企業の経営者は、状況をあまり真剣に受け止めていないことも多いため、現状の数字を明確にして実行可能な事業計画を立てるお手伝いをする、というのが私に与えられた役割でした。

異なる会計ソフトへの対応に四苦八苦

そこでまずA社を訪問し、過去の決算書のデータを入手しました。ただし、データを一つひとつ表計算ソフトに入力していくのは時間がかかるため、A社が使っている会計ソフトから直接過去5年分の仕訳データを取り出して持ち帰ります。仮に、年間1万行分の仕訳データがあれば、5年分で5万行分のデータファイルを持ち帰るわけです。このデータをもとに、分析作業や事業計画の立案に取り組みました。

CSV形式のデータを会計ソフトから持ち帰り、ピボットテーブル（表計算ソフトで関数や数式を使わずに膨大なデータを集計したり、分析したりできる機能）を多用しながら、縦軸には科目の内訳を、横軸には月別のデータを配置し、5年分（60カ月分）のデータを一覧にする。とにかく膨大な作業量です。

細かい作業の詳細については省きますが、1カ月から2カ月ほどかけて分析作業を行い、その結果をもとに第一期の事業計画を完成させて持っていくと、銀行からは次のB社の案件を紹介されました。

そこでB社へ行くと、A社とはまったく違う会計ソフトを使っています。会計ソフトによって、データの形式やレイアウト、操作方法はもちろん、科目体系や勘定科目コード、科目名称といった細かいところまで微妙な違いがありました。たとえば、「現金預金」という科目の場合、ソフトによっては「現金・預金」になっていたり、あるいは「現金 預金」になっていたりと、微妙に表記が異なるケースがあるため、A社で使ったフォーマットを流用することができず、一からやり直す必要がありました。ご想像の通り、これはかなり骨の折れる作業です。

無理難題を軽々とこなした天才プログラマー

新たな企業を訪れるたびに、違う会計ソフトと対面し、データを持ち帰っては一からレイアウトを理解するところから始める。そしてデータをどのように並び替えるかを考え、地道に作業を積み重ねていく、という日々が続きました。

それでも、仕訳に記載されている基本情報、つまり日付、勘定科目、摘要、そして消費税の課税区分などの情報は、どのソフトにも存在しています。レイアウトは違えど、この情報をもとに集計すると、試算表や決算書が完成するわけです。

こうして、合計7~8種類の会計ソフトの細部まで理解し、20社ほどの事業計画を作成したちょうどその頃、リーマン・ショックが世界を襲いました。

ただ、経験は無駄にはなりませんでした。

私の目標は、仕訳データをもとに経営者が自社の歩んできた過去を可視化し、それを踏まえて未来を語れるようにすることです。

そのためには、**たとえ形式が違っていても、仕訳データをシステムに入れれば、中で自動的に処理され、すべての企業に対して同じ形式のアウトプットが得られるシステム**が欲しい。さらに言えば、**そのデータをもとに、未来のシミュレーションや財務分析ができるようなシステム**は作れないだろうか。

前述したように、どの会計ソフトにも存在しているのは、日付や金額、課税区分などの基本情報です。まずはそれらを標準化し、仕訳のチェックを自動化することで、これまで会計事務所が手作業だったり、経験に頼っていたりした作業を機械的に行えるようになるのではないか――。

そんなアイデアをなんとか形にできないかと考えを巡らせていたところ、ちょうどリーマン・ショックの直前に稲嶺旭という弊社の現CTO（Chief Technology Officer最高技術責任者）がチームに加わりました。

そこで私は、形式がそれぞれバラバラな約20社分の会計データと、表計算ソフトで作成した最終的な帳票を見せて「次に別の企業の案件が来たときに、データを投入するだけで同じアウトプットが得られるような仕組みが欲しい」という思いを伝えたところ、なんと彼はいとも簡単にそれを作り上げてしまいました。

それが「財務維新」が生まれた最初のきっかけです。

✓会計業界に黒船（クラウド会計システム）がやってきた！

すでにお話ししたように、財務維新はもともと会計事務所専用のシステムとして開発されました。しかし、単に過去会計だけを行っている会計事務所や税理士事務所というのは、経営者にそれほど望まれていません。税金の申告がなければ、わざわざお金を払って税理士に依頼する必要はないと考える経営者も多く、当時は会計事務所の仕事の単価もどんどん下がっているという状況でした。

そこで、より高付加価値のサービスを模索し、経営者のみなさまに本当に喜ばれるような存在になるために、まずは弊社自身がこのシステムを使いながら、コツコツと地道にマーケティング活動を重ねることにしました。

その結果、お金を払ってでも使いたいという会計事務所や税理士事務所が全国各地に広がっていきました。その後、さまざまな反応をいただきながらも、6年、7年とかけて全国の会計のプロフェッショナルの方々に認知されつつユーザーを広げていったわけですが、2016年7月に黒船がやってきました。

それが**freee（フリー）さん、Money Forward（マネーフォワード）さんといった、いわゆるクラウド会計システム**です。

従来、会計事務所では事務所内のサーバーにクライアントの会計データ（仕訳データ）を保存しておく方法が一般的でした。会計ソフトメーカーは、サーバーを設置したり、事務所内ネットワークを構築したり、場合によっては支店間を専用回線（VPN＝

Virtual Private Network）でつないだりと、安全なデータ共有環境の提供に力を入れていたのですが、これらはいずれもたいへんコストのかかるサービスだったため、会計事務所はシステム更新のたびに高額な費用を支払う必要がありました。

ところが、フリーやマネーフォワードが登場したことで、この当たり前だった状況に変化が訪れます。会計データをクラウド上に保存しておけば、事務所内に物理的なサーバーを置く必要がないからです。そのおかげで、会計事務所は運営コストを大幅に削減できるようになりました。

また、もう一つの重要なポイントが「アカウント」という仕組みです。

従来のインストール型システムとは根本的に異なり、クラウドシステムでは各ユーザーにアカウントを割り当てることで、データへのアクセスを簡単に制御できます。するとセキュリティーが向上するだけでなく、クライアントごとのデータ管理も効率的に行うことができます。

さらに各ユーザーがアカウントを持つことで、いつでもどこからでも簡単にクラウド上で情報を共有し、一緒に作業ができるようになりました。

どこからでも簡単に情報を共有し、データはクラウド上で安全に保存される。しかも高額なセキュリティーシステムを構築する必要もない――。

そんな革命的なシステムの登場を目の当たりにした私たちは、いずれ財務維新のような従来のシステムは時代遅れになることを予見し、次世代のシステム開発に取りかかったのです。

中小企業にとって価値あるシステムの開発へ

弊社は、それぞれ異なる会計ソフトから切り出された仕訳データを受け取り、一元的に標準化するという特許技術を持っています。これは通称「マッピング」と呼ばれる作業で、166ページに登場した弊社CTOの稲嶺の知恵が生み出した自動標準化プロセスによって実現されています。この技術に注目した企業との縁があり、共同であるシステムを開発しました。

それは金融機関が融資先の決算書を紙で受け取る従来の方法に取って代わり、標準化されたデジタルデータをクラウド経由で送る、つまりペーパーレスで決算書を銀行に送信できるというシステムです。

この経験が、bixid誕生のきっかけの一つとなりました。

紙というアナログによるプロセスを廃し、デジタル化された一気通貫のプロセスへと変化させることで銀行の作業の効率化を実現させた弊社は、次の課題として私自身が当初から思い描いていた「中小企業の経営者のためのシステム」を作り上げるためにディスカッションを重ねました。

中小企業にとって大きなメリットになる機能とは、**たとえば数字の「見える化」だったり、経営のシミュレーションだったり、データにもとづいた分析だったりといったようなことです。そして、これらの機能をもとに、しっかりとした意思決定や経営判断を下すことができるようになること**にあります。

こうして私たちは企業向けのコンテンツ、すなわちb・i・x・i・dの開発に着手したのです。途中、十分に評価されないこともあったりしましたが、その頃に鈴木さんとご縁ができたこともあり、率直な意見をいただいたりしながら現在のb・i・x・i・dをリリースすることができました。

当初は計画も何もないところから始まったクラウドシステムでしたが、次第に経営計画の作成やモニタリングが可能になり、中小企業の経営者にもメリットを感じていただけるような形になりました。今後はさらに多くの経営者に、b・i・x・i・dが受け入れられることを期待しています。

第5章

黒字化請負人

～伴走者（bixider）～

経営者に伴走するb・i・x・i・der（ビサイダー）

SPEAKER 岡本

✓ネットワーク（経営者と会計人）をマッチング

弊社（YKプランニング）では、b・i・x・idを導入して経営者に伴走する会計事務所を「b・i・x・ider（ビサイダー）」と呼んでいます。現在、全国で350社ほどに協力をしていただいていまして、ありがたいことにどんどん増えています。

もともと弊社は、「独りぼっち経営者をゼロにする」というミッションを掲げていますが、そのためにもまずは中小企業を取り巻くネットワークを最適化していく必要がありました。

ここで言う**「ネットワークの最適化」**とは、**一言でいえば経営者とb・i・x・iderの**

マッチングです。

じつはｂｉｘｉｄｅｒとなっていただいた会計事務所にも、鈴木先生のＳＨＩＰさんのように高度な専門知識や素晴らしい実績を持つところから伴走の実績がまだ積み上がっていないところまで、さまざまなレベルが存在しています。大雑把に言うと、ステージ1からステージ6あたりに分けられる、といったらわかりやすいでしょうか。

もちろん、クライアント企業の経営者のなかにも、初歩的な会計の知識さえおぼつかない人もいれば、過去の数字をどう見たらいいかわからない人もいます。一方では、ざっくりとした予算計画を立ててなんとか進捗管理をしている経営者もいれば、5年計画などを立ててきっちりとＫＰＩを設定し、数字ベースで厳しい結果が求められる経営会議を開いているケースもあります。

こうして**さまざまなレベルのｂｉｘｉｄｅｒと経営者がいる状況のなかで、それぞれのレベルに合わせて一社ずつ最適なパートナー同士をマッチングしていく**のが、弊社が目指すネットワークの最適化です。

私（岡本）たちの仕事は、ｂｉｘｉｄというシステムを提供するだけでは終わりません。システムの提供とは別の、もう一つの大きな軸が、まさにこのネットワークの最適化なのです。

今後はサービスレベル6という、最高水準で未来予測会計を実践するケースだけでなく、1~5のレベルまですべてのお客様に合わせたサービスを提供できるように、最適化を図りたいと考えています。

経営者のみなさまには、通常の会計業務をサポートする会計事務所にフィーを払いつつも、それとはまったく別軸として**「会計のセカンドオピニオン」としてbixidとbixiderを利用していただけるようになりたい。**そんな高い付加価値を持つサービスを展開していくことが、現在の私たちの目指すところです。

「独りぼっち経営者をゼロに」という思い

ネットワークの最適化は、こうしたビジネスライクな面だけでなく、とかく孤独に陥りがちな経営者に寄り添うという大きな目的もあります。

「経営者は孤独だ」という話は、いろいろなところでよく聞くと思いますが、私たちが直面する経営者の悩みのなかで、最も相談しづらいだろうな、と思うのがじつは財務関連の問題です。

たとえば、資金繰りや利益という問題については、企業が利益を出しているときなら気軽に税理士に相談できるでしょう。一方、利益が出ていないときは、意外と相談しづらいのが現実ではないでしょうか。ピンチのときだからこそ誰にも相談できず、一人で抱え込んでしまう。それが経営者の大きな悩みの種になっているのです。


私はかつて企業再生に関わってきた経験を通じて、経営者が普段話せないような悩みをたくさん聞いてきました。その経験から言えるのは、実際に**多くの経営者が本音で悩みを打ち明けられる相手を求めているる**ということです。

ひるがえって、会計事務所側のスタンスはどうでしょう。そうした相談に乗るのには最適なポジションにありながら、実際のところはなかなかうまく対応できていないケースが多いと思います。

では、誰がやるか。

そこにこそ、弊社のミッションがあると自負しています。

経営者の孤独というのは本当に深刻な問題なのですが、会計で浮上した問題に限って言えば、会計自体がこれを解決する大きなカギになるのではないかと、私は常々感じていました。

会計の持つ力こそが、経営者の悩みを解消する最良の手段である。そのことを、もっと多くの人に知ってほしいと思っています。

「独りぼっち経営者をゼロに」というミッションには、経営者が不必要に悩むことなく、安心できるようなサポートを提供したいという願いが込められています。そして、経営者は決して一人じゃない、というメッセージを伝えるためにも、このネットワークの最適化を通じて、経営者が心を開いて相談できるパートナーを持てるようにしていかなくてはいけない、と強く感じています。

真に頼れるbixiderとして

SPEAKER 鈴木

余剰時間をクライアントのために使う

ｂｉｘｉｄを導入したことで私（鈴木）自身に生まれた一番の大きな変化は、圧倒的な作業の効率化により、自分の時間が十分に持てるようになったことです。クライアントのことをじっくりと考える時間が、以前に比べて何倍にも増えたので、より大きな視野で物事を考えながら経営者に伴走することができるようになりました。

経営者のサポートとしては、だいたい月に1回の頻度でミーティングを設定し、おもにKPIの数字をもとに進捗状況を確認しています。現在はほとんどのミーティングをオンラインで行っていますが、じつは月に1度のこの機会だけが重要というわけではありません。その他の30日間については、メッセージングアプリを通じて24時間いつでもつながっているからです。

実際、私はいつもクライアントに対して「何かあれば時間を気にせず、いつでもメッセージをください」と伝えています。

これができるのは、やはり**ｂｉｘｉｄでクライアントの数字を常時共有できるようになった**ことが大きいでしょう。ただ、それ以上に、**自分の時間を十分に確保できるようになった**ことが決定的だったと考えています。

頼れる伴走者に必要なのは確かな自信

ある経営者が、こんなことを言っていました。

「どこに相談しても、明確な答えが得られなかった。でも、ｂｉｘｉｄを導入してからは、状況が一変した」

これを聞いたとき、私たちが提供するサービスが、実際に経営者の力になっていることを実感しました。

また、他のクライアントからは、「この方法で進めれば、赤字が黒字に変わっていくことを確信できる」という声もいただきました。

このように、ｂｉｘ·ｉｄが世に出てきてくれたおかげで、私は以前にも増して頼られる存在になったのだという感触を強く持っています。

ただ、私や岡本さん、それからＹＫプランニングの方々は、会計業界のなかでも少し特殊な人種であることを、ここでお話ししておかなければなりません。


たとえば、岡本さんが社長を務めるＹＫプランニングの創立者であり、現会長である行本康文先生は、会計人としてのご自身の考えに圧倒的な自信を持っていらっしゃいます。曰く、「(私が言うからには)絶対正しいぞ」と。現在70代というご高齢にもかかわらず、会計に対する探求心はまったく衰えることなく、他の誰よりも多く研究してきたという実績の裏づけがあります。だからこそ、その経験が揺るぎない自信となり、言葉に圧倒的な説得力を持たせているのです。さすがに積み重ねてきたロジックの厚みが違います。

また、岡本さんは、数多くの企業再生に携わるなかで「この方法で企業は生まれ変わるんだ」という確かな手応えをベースに、やはり大きな自信を手に入れました。

かくいう私もその一人です。

bixidという強力なパートナーとともに数々の経験を経たことで、より大きな自信を持ってクライアントに提案ができるようになりました。

つまり私たちは、会計業界では珍しいほど自らが積み上げてきたロジックに自信を持った人間なのです。

自信の欠如が経営者との距離を遠ざける

たとえば、経営者が借入金を増やして設備投資にあてるべきかどうか悩んでいたとしましょう。このとき、もし会計のパートナーが経験不足で自信が足りていない税理士だったとしたら、「いいかもしれない」「でも、よくないかもしれない」「最終的な判断はお任せします」といった曖昧な返答でお茶を濁し、結局は経営者の自己責任に帰すだけで、明確なアドバイスを得られないことがしばしばあります。

あるいは、コロナ禍の影響で身の丈に合わない大量の借入金があり、毎月200万円の返済義務を背負ってしまった経営者がいたとしましょう。普通の税理士なら「返済は無理」と一刀両断にするところです。

でも、**経営者の悩みを安易に切り捨てるのではなく、本当に無理なのか、なにか他に手立てはないのかと、伴走者なら一緒に考えるべき**です。

実際、コロナ融資で何千万円も借りているなら、手持ちのキャッシュは潤沢なはずです。これを上手に削ってやり繰りしていけば、月に200万円を返済していくのは不可能な話ではありません。

さらに私がこの企業のパートナーとして伴走している立場だったとしたら、借入金によって得たのは、結局のところ「時間」なのだから、この時間をうまく使って自力で200万円を返済できる組織に変えていきませんか、とアドバイスするでしょう。仮に、年間で2400万円の利益を出すことができれば、そこから毎月200万円を返済しても、手元のキャッシュは減らないのですから。

ちなみに、bixidでは借入金が売上の何カ月分に相当するかという数字が明確に出てきます。これは実際にあったケースですが、あるクライアントは、7カ月、8カ月分の売上に相当する金額を借りてしまっていました。

もちろん、これほどの額を減らしていくにはたいへんな労力が必要です。

それでも、私はあえて「すべてを返済する計画を立てなくてもいい」とアドバイスしました。少しずつでも借入金を減らして利益を出し続ければ、いずれ銀行の見方が必ず変わっていくことを知っているからです。

事実、売上の5カ月分あたりまで借入金を減らした結果、予想通り銀行から資金に関する新たな提案が来て窮地を脱することに成功しました。

私は長年、さまざまな企業を見てきましたし、銀行がどのように企業を見るかも理解しています。しかし、多くの税理士は銀行の視点まで考慮していない、あるいはわかっていない。

少し厳しいかもしれませんが、私から見るとそれは単なる勉強不足です。それではいつまでたっても経営者との距離を縮めることはできません。

自信を持ってアドバイスができないなら、まずは知識を得てさまざまな現場で経験を積むべきです。そうすれば困っている経営者が、いままさに一番欲しいアドバイスを、自信を持って差し出すことができるようになります。つまり、**経営者との距離が自然と縮まる**のです。

本物の伴走者に必要な信頼関係を築く

多くの経営者は、会計のプロに対して財務に関わるあらゆることを相談したいと考えています。ところが、いつまでたっても妙な距離感がある。そうしているうちに、いつしか謎の上下関係ができてしまい、最終的に会計事務所は下請け業者のような関係になってしまう。しかも、自分たちでそのような関係を作っているというケースが、じつに多いと言えます。

結局のところ、会計業界の本質的な問題は、やはり自信の欠如なのではないでしょうか。自信がないから経営者に近づけない。だから形だけの伴走になってしまう。これでは伴走ではなく、ただ並走しているだけ――。

この悪循環を断ち切らなければ、岡本さんがおっしゃる「独りぼっち経営者」に寄り添い、救うことなど夢物語に終わってしまいます。

私は同業の会計人に対して、もっと自信を持ってください、と心の底から思っています。そこに目を向けないからこそ、多くの経営者が孤独に陥っているのだという事実から目をそらしてはいけません。

もともと「伴走」という言葉は、障害を持つアスリート、とくに視覚障害を持つランナーが競技を行うときに使用されてきました。伴走者は、ランナーの速度に合わせて走り、障害物の位置を伝えたり、コース上での方向転換をアシストしたり、時にはランナーのニーズに応えたりしながら、安全に競技を進められるように支援をする役割を担っています。

経営者に伴走する会計人も、これと同じです。

会計の知識を持ったプロフェッショナルだからこそ、経営上の障害物をはっきりと認識して伝えなければいけないし、適切なタイミングで適切なアドバイスを授けなければいけません。

会計の専門知識や実務上の経験値も、もちろん重要です。

ただ、**最終的に経営者とクライアント企業のパフォーマンスを決定するのは、「支援と受け入れ」の関係性、つまり両者の信頼関係**なのです。

そんな覚悟を持って経営者とともに走るのが、伴走者（b・i・x・i・der）としての私のスタイルです。

終章

会計の現在地と近未来

経営者から見た「会計」の現在地

「数字が苦手」という決めつけが会計を遠ざけている

岡本　現在の会計に対して、中小企業経営者さんが捉えているレベル感というか、企業内の優先順位とかって、どう感じています？

鈴木　優先順位は……あとでしょうね。少なくとも、先には来ていない（笑）

岡本　同感ですね。売上を上げることと、人をどう採用してどう育てていくか。このツートップの重要度が高い。本当はその次、僅差の3番目に会計が来てほしいんですけれども。ただ、現実は売上と人材のことで頭がいっぱいになってしまって、会計との差が一向に埋まらない。その要因ってどこにあると思いますか？

鈴木　僕のなかでは、はっきりしています。たとえば、上場企業は別として、**いままでは外部関係者、いわゆるステークホルダーに対する会計の提示が、一般企業はそこまで求められてこなかった。**言い方は悪いですけど、赤字でも銀行からお金を借りられる時代があって、だから企業は利益を追求する必要があまり感じられなかったんです。ある時期からキャッシュフロー計算書も必要になったけれど、求められているレベルが低いので、その障壁を乗り越えて黒字にこだわっていくという意識がまだ追いついていない。これが、会計があまり重視されてこなかった歴史かな、と思います。

岡本　もう一つ大きな問題は、**多くの経営者が最初から数字を苦手と決めつけてしまっている**ことです。会計は決して難しいものではなく、むしろ面白くて、経営を助けてくれるものなんだけど、なぜか最初から苦手意識を持ってしまう人が多い。

鈴木　簿記や会計の基本的な構造がちょっとわかりづらいというのも、その一因かもしれないね。

岡本　そこをどうにかして、会計をもっと身近でわかりやすく、そして面白いものに変えていきたいです。じつは会計って、すごく面白くて楽しいものなんだから。デジタルテクノロジーがこれだけ進化している時代なので、それを活かしてもっと身近なものとして受け入れられるべきタイミングが来ていると思います。

鈴木　会計が得意な経営者って、どこかのタイミングで学ぶ機会があって、一生懸命勉強してきたからこそきちんと理解している。でも、多くの経営者はそんな時間があったら、営業や他の活動に使ってしまう。しかも、まわりにいるブレーンも会計のことを上手に伝え切れていない。だから、会計がいつも置き去りにされてきたというところはあるかな。

岡本　弊社は経営者が直感的に理解できるよう、会計をかみ砕いてわかりやすくしようと努力してきました。ただ、「管理会計」という言葉が難しく感じられてしまうこともあります。中小企業の社長が管理会計という言葉を使うことが増えれば、経営に対する理解を深める一歩となって、ポジティブな変化になるのですが……。

鈴木　経営者から管理会計という言葉が出てくることは、まずないですね。データを取ったわけではないけれど、たとえば「労働分配率（企業が生み出した付加価値のうち人件費として労働者に支払われた割合)」という入門レベルのキーワードをしっかり理解して、説明できる経営者は全体の2割くらいというイメージです。

岡本　もっと基本的なところで言うと、たとえば会計上の「粗利」は、仕入れを差し引いたあとの「売上総利益」を指します。しかし、経営者は仕入れに加えて、運送費や燃料代など、商売には欠かせないものも一緒に差し引いたあとの金額を「粗利」と考えていることが多い。会計上ではこれは「限界利益」に区別されるのですが、このような違いから、会計での「粗利」と経営者の考える「粗利」にはギャップが生じています。

鈴木　確かにそうですね。

岡本　それでもあえて、会計のプロなのであれば経営者の感覚に寄り添って話を進めることが重要だと考えています。会計に対するドライというか、冷たいイメージみたいなものを感じさせず、経営者の感覚的な利益の捉え方と会計理論の合流点を見つけることが、新しい会計の方向性なのかなと思っています。

会計とテクノロジーの進歩

変化を恐れず小さな一歩を踏み出す

鈴木　b・i・x・i・dの登場以降は、その存在を知らないだけで、いわゆる機会損失になってしまうと個人的には思っています。多くの企業や会計事務所は、新しい働き方を望んでいるものの、b・i・x・i・dを知らない、あるいは知っていても選択しなかったというだけの理由で、数年規模の損失を生んでしまう。僕からすると、これは恐怖以外の何者でもありません。

岡本　SHIPさんも、働き方が大きく変わりましたよね。

鈴木　実際にb・i・x・i・dを使うことで、「こうしたらもっと働きやすくなるよね」というところから変わっていきました。世の中全体が働き方改革を推進していくなか、うちはb・i・x・idがぴったりハマりました。多くの人が、いまこの変化に拒否反応を示したとしても、世の中は絶対にその方向に進むでしょう。これからの日本は、ITやDX化、生成AIのようなツールを使用しないと、人手不足を補えないことが明らかです。

岡本　世の中の変化に合わせて、b・i・x・idもまだまだ進化させていきます。

鈴木　そうした時代の変化に、どれだけの人がスピード感をもって対応できるかが問題です。昭和の時代から変化をしなくても許されてきた日本人が、いまは急速に諸外国に抜かれています。自らをカスタマイズしていくことに対して不慣れな日本人が、どこまで変わることができるか。それが今後の大きな課題だと思います。そういう意味でも、**新しい仕組みやプラットフォームに対して、どれだけ理解しようと努力できるかが、会計事務所や銀行、企業にとって重要になる**でしょう。

岡本　いまお話をうかがっていて思い出したのですが、5年くらい前にクラウドサービスを使い始めたとき、アカウントの仕組みや二段階認証など、新しい技術に対して理解が追いつかず、不安を感じていました。ただ、勇気を出して一歩を踏み出した。いま振り返ってみると、なんであんなに不安だったんだろう、と（笑）

鈴木　いまでは当たり前のように使っていますからね。

岡本　何が言いたいかというと、**テクノロジーは私たちのほうに大きく近づき、同時に私たちもまた前に進んでいる**ということです。ちょうどビーチフラッグのように、私たちは旗に向かって10メートル進み、テクノロジーは反対側から100メートル近づいてくるというイメージでしょうか。技術は私たちの10倍のスピードで進化しているとも言えます。そのなかで大事なのは、**たとえ小さな一歩でも踏み出す勇気を持つこと。**それができれば、テクノロジーとともに目標に向かって進むことができるはずです。

鈴木　その一歩を支援するには、どのようにして経営者を後押しするか、でしょうね。

岡本　おっしゃる通りです。旗の位置がまだ見えていない人にとって、どの方向に進めばいいのかと気づいてもらうこと、そして間違った方向に進んでしまわないようにすることも、経営者に伴走する私たちの役割です。

実装予定のbixid新機能

bixid上にもう一人の伴走者が追加される

岡本　最近、AIの分野で進化しているのが音声合成技術です。現在、bixidには「bi-bo（ビーボ）」というアシストロボットのキャラクターが音声で話す機能を取り入れていますが、ちょっと声を変えて、高校生ぐらいの声を持つキャラクターを加える予定です。

鈴木　へえー、しゃべるんですか？

岡本　しゃべります。今後は数字の報告が単なる定型的な話し方だけでなく、それぞれの状況に合わせてレスポンスを返したり、bixid上で専門用語の解説や数字の説明をしてくれたりするようになります。将来的には、伴走者の人間が必要でなくなる世界が来ると思いますが、いまはたとえば経営者にとっては財務分析や月次レポートなどをアシストしますし、会計側の人間にとっても伴走する際に使ってもらえると思います。そんなシステムが、近々動き始めます。

鈴木　マジですか。すごい。

岡本　現在のb・i－boは、こちらで原稿をバチッと決めてそれを読み上げるだけのものですので、数字が微増したとか微減したとかいう判断はできないんですけれども、今後はそのあたりの微妙な増減を感知して台詞が変わっていく、といった進化を計画しています。これは**ただ単に技術が人間の代わりをするということではなく、あたかももう一人の伴走者が加わるような感覚に近い**かもしれません。とくに財務分析とかそのあたりを中心に、財務情報をよりわかりやすく〝見える化〟するための機能を追加していくといった流れになります。

鈴木　b・i－boがこれまで以上に近くに来てくれるんですね。

岡本　そうですね、名前は「アシスタントb・i－bo」となる予定です。

会計の近未来について

人に対するケアが会計人の重要なミッションになる

岡本　テクノロジーの進歩により、会計にかかる作業時間は今後ますます減っていきますが、会計事務所の現場ではたとえばどんな変化を予想されていますか？

鈴木　自分の空いた時間は、社内スタッフのフォローアップやクライアントのための時間にあてています。こうした**人間対人間のケアは、ますます重要なミッションの一つになっていく**ように思います。

岡本　じつはbixidは近未来、生成AIを組み込みます。たとえば、貸借対照表とか損益計算書などの財務データを何期分かコピペした上で、深掘りしたいポイントを打ち込めば、会計のプロと同等以上の解説やコメントをダーッと吐き出してくれる。そんな時代が、もうすぐそこまで来ています。するともう税理士さんが必要なくなるんじゃないかと思われるかもしれませんが、私の意見は違います。逆説的になりますが、だからこそ**人間同士にしかできないこと、つまり人と人との結びつきが、よりフォーカスされてくる**んじゃないかと考えています。

鈴木　私自身も、これから訪れる未来では、技術的な進歩とともに、人間性を重視する方向に進んでいくと予想しています。技術進歩の速度が増していくなかでは、そこについていけなかったり、乗り遅れたりする人が出てくるという事態は避けられません。そういった人たちを放っておくわけにはいきませんので、彼らをサポートする時間を作ることも大切な仕事になります。

岡本　個人的には、会計人はコミュニケーションのスキルを磨く時間も確保していくべきじゃないかと思います。

鈴木　まさにその通りです。税理士や会計専門家の業務は、世の中の変化に応じて必要とされる内容が変わっていくわけですから。ただ、会計の作業時間は減っても、税理士の仕事がなくなるわけではない。

岡本　「仕事がなくなる」のではなく、「作業がなくなる」というのが正確な表現だと思います。だから、会計作業を自分の仕事だと思っている人は、仕事がなくなっていくと感じるかもしれません。

鈴木　結局のところ、**会計人としての価値は、単純な作業の実行ではなく、クライアントに対するより深い理解と、コミュニケーションによる十分なケアといった、自動化できないものの方向へシフトしていく**ということでしょうね。

ｂｉｘｉｄの未来像

SPEAKER
岡本

AI進化の先にあるｂｉｘｉｄの姿

本章前半の対談中でも「実装予定のｂｉｘｉｄ新機能」というテーマで近い将来、ｂｉｘｉｄに組み込まれる機能について語りました。では、ＡＩがさらなる進化を遂げることを前提に、数年先といった近未来ではなくもっと長い目で見た場合、いったいどんな未来が訪れるのでしょうか。

これからお話しすることは、本当に実現できるかどうかは正直わかりません。時代の趨勢にも大きく影響されるため、現時点では私（岡本）自身も「必ずこうなる」とは言い切れないのです。

ただ、少なくとも「こういう方向性を見据えながら、ｂ·ｉｘ·ｉｄをアップデートしていきたい」、あるいは「こういう世界線もあり得る」という観点から、ｂ·ｉｘ·ｉｄの未来像についてお話ししていきましょう。

レポートの自動作成

たとえば経営の〝見える化〟を目指すために会計事務所や税理士事務所へ伴走を依頼する際、打ち合わせの前段階としてさまざまな資料の準備が必要ですので、現状ではどうしても一手間かかってしまいます。

過去の数字に関して言えば、会計ソフトによっては試算表を自動でグラフ化してくれるなど、とても便利になっています。では、今期の着地予想に対して現在の実績はどのあたりなのか、目標であるＫＰＩに対して今月、来月の進捗状況はどうなのか。そういった未来のことを語るには、既存の会計ソフトでは難しいと言えます。

じつはこうした〝数字のビジュアル化〟に最も適したアプリケーションは表計算ソフ

トなのですが、第4章でも一度お話しした通り、標準化が徹底されていない環境では資料の作成者ごとにデータの作り方が異なったり、クオリティーがバラバラだったりするというリスクが伴います。

そこで、作業を丸ごとシステム化するためには、できる限り標準化・効率化を図る必要性が出てくるのですが、逆に言えばこのポイントさえしっかり押さえれば、従業員は資料作成というルーティンワークから解放されるとともに、企業としてもより付加価値の高い業務に人的資源を集中することができるようになるのです。

したがってb-i-x-i-dでも、**ワンクリックで簡単にわかりやすく、しかも正確なレポートができあがるというレベルの自動化**を目指しています。

自動で情報を判断して分析結果を話し出す

次は、前述の「自動レポート作成」をさらに発展させた、驚くべき未来の姿です。現在よりもさらに進化した自然言語生成技術により、個々の興味や理解度に応じてカスタマイズされた正確な財務レポートが作成できるようになるだけでなく、いずれＡＩ自身がコミュニケーションを取り始める……といった小難しい話をしてもよくわからないと思いますので、たとえばこんなシチュエーションを想像してみてください。

オンライン会議システムを利用したミーティングの場において、あなたは経営者、あるいは経営幹部の一員で、相手は税理士など会計のプロ。とにかく、見慣れたメンバー同士で画面越しに会話をしているとしましょう。

ただ、いつもの光景と少し違うのは、そこにもう一人の参加者がいることです。それがＡＩ。彼、または彼女は、この場で何をしてくれるのかというと、まるで会計のプロのような知識をベースとした財務状態のアドバイスです。たとえば、b·i·x·i·dの画面を共有し、「この損益計算書のポイントを教えて」とＡＩに尋ねると、その通りに分析結果を話し始めます。

ここで驚きなのは、あらかじめＡＩに情報を与えておく必要はない、というところです。テキストデータも音声データもいらないのは、**ＡＩが画面越しに情報を読み取り、**

リアルタイムで分析結果を返すことができるからです。

現在でも生成AIは、テキストや音声でプロンプト（指示）を与えておけば、似たような結果を返すことができます。ただ、将来的には、このようにその場で初めて共有された文字情報のみから、AI自身が「これはいま、営業利益の話をしているな」「キャッシュフローの話だな」「設備投資と資金調達の話だな」と自動で判断し、人間サイドからの「〇〇についてどう思う？」「〇〇となっているのはどういうこと？」といった問いかけをトリガーに、**会計のプロフェッショナルと同等以上の知識をもって自然な言語で話し出します。**

現在のテクノロジーは、こんなSF映画のようなシチュエーションを実現できそうなところまで、すでに進化しています。ちょっと驚きですよね。ある意味、怖さを感じてしまいます。

もちろん、一足飛びにこのレベルの技術が実用化されるとは思っていません。まずはこの技術を横方向に展開し、あらゆる業種においてマネタイズしていかなくてはいけないからです。一方、私たちもそこにコストをかけて技術を取り込み、b·i·x·i·dにアレンジしていくという作業が必要になるので、相応の時間がかかります。ざっと見積もって、日本にやって来るのはおそらく10年後。そして古いシステムが駆逐され、新しい技術が定着するのは20年後くらいになるのではないかと思います。

ただ、この技術が実用化される時代は、必ずやって来ます。私たち開発者は、その時代を見据えつつも、いたずらに技術だけに振り回されず、「独りぼっち経営者をゼロにする」という理念からブレずにb·i·x·i·dの開発を続けていくつもりです。

オートスケジュール機能を提供

現在、スケジュール管理のアプリとして、さまざまなカレンダーやグループウエアが利用されており、おのおのがそこに登録した情報をもとに次回のミーティングを調整していると思います。これが**将来的にはミーティングのメンバー同士であらかじめウェブ上のカレンダーを共有しておくことで、b·i·x·i·dがそれぞれの空いている時間帯を認**

識し、次回のミーティング日時を自動で提案してくれるようになります。

イメージとしては、たとえばミーティングの最後に「次回はこの時間が空いているのでどうですか？」とか、あるいはミーティングが終わってしばらくたった頃に「前回のミーティングは第○週目の○曜○時から○時だったので、来月もこのあたりを候補にしますか？」とb・i・x・i・dが提案してくれる、といった内容を想定しています。

スケジュール調整はともすると業務として軽んじられがちですが、意外と苦手にしている会計事務所は少なくありません。スケジュール調整がスムーズにいかないのは、経営者とのコミュニケーションがうまく取れていなかったり、電話が苦手だったり、メールを送ろうと思っていても忘れてしまったりと、おもに個人のマネジメントに原因があります。その部分を完全にAIに任せてしまえば、煩わしい雑務が減りますし、ヒューマンエラーも防ぐことができるようになります。

もともとb・i・x・i・dは経営者と伴走者（b・i・x・i・der）がコミュニケーションを取り合うツールですので、いずれこのオートスケジュール機能を実装し、プラットフォームとしてさらに便利に使っていただきたいと考えています。

現状分析・予測分析の高度化

いわゆるビッグデータを活用することで、**b・i・x・idが大量のデータから複雑なパターンやトレンドを見つけ出し、より深い洞察を得ることができる**ようになります。

また、それを未来予測に活用することで、**売上やコストの予測、資金繰りなどのシミュレーションの精度が飛躍的に高くなる**のはもちろん、さらには過去のデータをグラフで見せるだけでなく、**そのグラフのどこをポイントとして見るべきかを示すこともできる**ようになります。

現状のb・i・x・idは、まだ表面的な結果しか得られないかもしれませんが、数年後にはそんなことを言っているのが逆に恥ずかしくなるくらいのスピード感で、どんどん進化を続けています。

ちなみに、現在の環境で私たちがやろうとしているのは、帳票単位のアナログ的な分析です。b・i・x・idにはたくさんの帳票やレポートがアップされていて自由に閲覧できますが、たとえばユーザーのみなさんが参考になった帳票やレポートに「いいね」をつけてもらうことで、人気のあるレポートや多くの人が見ている帳票などがわかるようになります。実際には、「いいね」の数を直接表示するスタイルではなく、「おすすめ」として提案するスタイルを想定していますが、いずれにしても会計ビギナーのユーザーでも、評価の高い帳票やレポートを簡単に入手できる環境を作ることで、自社の経営に活用していただきたいと思っています。

じつを言うと、現状ではこの「ポイントがどこか」という勘どころを押さえている人がｂｉｘｉｄを十分に使いこなしているのですが、帳票やレポートのポイントというのは、とくに初心者にとってはなかなか理解しづらいものです。そこで将来的には、ｂｉｘｉｄのほうから「ここがポイントですよ」と提案することで、よりいっそうシステムの高度化が進んでいくはずです。

すでにお話しした「レポートの自動作成」と似たような部分もありますが、このようにビッグデータを活用することによってシステム自体がどんどん進化し、使えば使うほどb・i・x・i・dが賢くなっていくという良いサイクルの構築を目指しています。

✓異常検知や不正取引の防止

会計データというのは、基本的に発生した取引の記録です。取引がいつ発生したのかという「日付」、いくらの金額が動いたのかという「金額」、それに該当する「勘定科目」や「摘要」、そして消費税の「課税区分」です。そこで**データに異常な数値が出てきたり、不正な情報が出てきたりした場合、システムサイドで自動的に「この取引は注意が必要」と判断し、アラートを出せる**ようになります。

これまでも、たとえば「接待交際費は、一人あたり1万円を超える取引はチェックする」といった設定を人間サイドで行い、ちょうどわなを仕掛けるような形で条件にあてはまる項目をピックアップすることはできました。ところが、現在は法律の改正や新しい情報などがどんどんアップデートされているという背景もあり、たとえばA事務所ではチェック項目がきちんと設定されているけれど、B事務所では設定されていないために重要なチェックが行われていない、といった状況が発生してしまいます。

このような問題は、システムが自動的にチェック項目を設定することで解決できますし、同時により一元的に、そして高品質な監査が可能になると考えています。

この機能については、すでに間もなく実現できるという段階にあり、今後はこれまで人間が設定していたチェック項目を自動的にバージョンアップさせながら精度を上げていくことが求められるレベルに来ています。

✔会計教育とトレーニング機能

将来的には、**b·i·x·i·dに会計教育の一端を担ってもらいます。**それだけでなく、**会計の知識を深めつつ、より実践的な会計力を身につけるためのトレーニング機能も実装する予定**です。すでに初歩的な会計用語の解説機能については、アシスタントロボットの「b·i - bo（ビーボ）」が担当していますが、今後はb·i·x·i·d自身が会計の授業を展開していきます。仮に、b·i·x·i·dを先生にたとえるなら、生徒は経営者や経営幹部であり、さらに伴走者（b·i·x·i·d e r）が各クライアントに合わせて講義の内容をフォローするというイメージです。

これからの時代は、ノウハウの共有や標準化がキーワードになります。これは何もb·i·x·i dだけに限った話ではなく、あらゆる学校における教育現場にも同じことが言えます。もし本当に品質が高く面白い授業であれば、リアルの先生が授業を行わなくても映像を使って知識を伝えることは可能です。もちろん、学習者がまだ幼い小学校や中学校などには人間教育も含まれるため、一概に同じだとは言えません。

一方、税理士や公認会計士の資格を目指している人、あるいは大学受験予備校の生徒には、通信教育や優秀な先生の動画を見ながら学ぶスタイルが浸透しています。たとえ生徒が1万人いても、先生は1人だけという世界がすでにできあがっているのです。したがって経営においても、必要な情報を手軽にいつでも学べる仕組みを作り上げていく必要がある、と私たちは考えています。

しかも、**b·i·x·i dなら学習の素材として自社の会計情報をベースに自動で講義内容を変化させるため、学習者の立場としても圧倒的な〝自分ごと〟として前のめりに学ぶ**

ことができるでしょう。

経営者と会計を結ぶ架け橋に

このように、b・i・x・i・dは今後、さらに飛躍的な進化を遂げていきます。本章前半の対談パートでもお話しした通り、経営者のなかに占める「会計」の優先順位が低いというのが、現在の日本が抱える大きな問題点です。経営者のなかで「会計」の優先順位がなかなか上がらないのは、「なんとなく難しい」「面倒くさい」「時間がかかりそう」「よくわからない」など、ネガティブなイメージが根強く残っているからでしょう。

私たちはb・i・x・i・dによって、その凝り固まったイメージをガラリと変えていくつもりです。そして、実際に利用していただいた経営者の方々に「会計ってなんだかよくわからないけど、ちょっと勉強すれば意外と簡単で、しかもすごく役に立つんだな」と感じていただきたいと思っています。そのためのサポート役、ナビゲーター役として、これからも進化し続けるb・i・x・i・dをぜひご活用ください。

おわりに

日本における会計事務所のビジネスモデルは、戦後のシャウプ勧告に始まりました。シャウプ勧告では申告納税制度が推奨され、すべての国民は自らの所得を自分で計算して、自主的に確定申告することになりました。このような習慣はそれまで日本には存在していませんでしたので、当時は官民挙げて大いに戸惑いました。そこで、記帳できない事業者をサポートする意味合いで、時代の要請として税理士制度が創設されました。会計事務所は、税の専門家という側面と中小企業の記帳を支援する側面のふたつの機能を持つことになったのです。

このような時代の要請は、その後の日本社会に大いに影響を及ぼすことになります。当時は、コンピューターが一般的でないこともあって、記帳はすべて手書きです。その後、パソコンの登場で元帳転記と試算表作成はシステム化されましたが、残念ながらそれ以上の合理化は進みませんでした。そのことも加味して、会計事務所のビジネスモデルは記帳代行に埋没していきました。そのために、記帳代行が会計事務所の業務の中核となり、それ以上の会計的スキルやＩＴリテラシーなどの習得に時間を割くことが困難になったのです。

一般的に考えると会計事務所は会計の専門家だから、周辺の会計知識は得意だろうと思われるかもしれません。ところが、実態は違っています。記帳代行というビジネスモデルは極めて労働集約的で、生産性は悪化の一途をたどっています。そのために、記帳代行をビジネスモデルの中核にすると、収益性の低さとそのために生ずる多忙との悪循環に陥ってしまうのです。残念ながら、これが会計事務所の現状です。そこで、大部分の会計事務所はこの悪循環からの脱皮を考えています。

ところが、この悪循環からの脱皮は思い通りいきません。アンゾフのマトリックス的に考えると「既存市場×新商品」ですが、市場は既存クライアントですし、新商品といっても会計関連の経営計画（管理会計）です。そのような現状のなかで、日本中の会計事務所はこのジレンマに陥っています。

本書の著者である税理士法人ＳＨＩＰの鈴木先生は、この悪循環を乗り越えた日本で唯一無二に近いほどの稀有な税理士です。鈴木先生は、記帳代行という会計事務所のビジネスモデルを活かしながら、関与先に経営計画を推奨し、見事にその実を挙げてこられました。

本書に紹介されている事例はすべて事実です。事例のひとつひとつに魂が込められています。経営計画の指導の道具として、鈴木先生はｂｉｘ・ｉｄを活用されました。ｂｉｘ・ｉｄの重要なコンテンツのひとつとして、この「経営計画」がありますが、もうひとつの重要な機能に企業様との「コミュニケーション」を挙げることができます。このｂｉｘ・ｉｄの肝となる経営計画とコミュニケーションのふたつの機能にいち早く気づかれた鈴木先生は、その機能を駆使して会計事務所の脱記帳代行と合理化を成し遂げられました。これは見事と言わざるを得ません。本書に紹介されている事例のひとつひとつに込められた鈴木先生の深い思いに感謝します。

弊社は、鈴木先生の知見を借りながら、従来型のビジネスモデルを乗り越えられた実績を全国の会計事務所に伝えたいと考えています。

株式会社ＹＫプランニング代表取締役会長・税理士　行本康文

プロデュース：水野俊哉
装丁・ブックデザイン：渡邉民人（TYPEFACE）
DTP：森岡菜々（TYPEFACE）

税理士

鈴木克欣　すずき・かつよし

税理士法人SHIP 代表社員税理士（愛知県豊橋市）
株式会社SHIP 代表取締役（東京都渋谷区）

1970年８月31日生まれ。立命館大学経営学部卒業・名古屋商科大学大学院修了（経営学修士）・京都大学上級経営会計専門家（EMBA）プログラム修了。愛知県を中心に全国を対応エリアとしているMBA 税理士。1976年から続く鈴木今朝由税理士事務所の二代目として20年以上、月次決算・経営計画による中小企業支援を行う。これまで延べ1,000社以上の経営計画を作成。本業の税務会計業務を遂行する一方、最新の経営支援クラウド（bixid）を駆使した伴走コンサルで数々の成功実績をあげる。その手法を日本全国の同志の税理士に広め、新時代の企業業績に貢献する新しい会計人を創る会計業界のエバンジェリスト。

YKプランニング代表

岡本辰徳　おかもと・たつのり

株式会社 YKプランニング代表取締役（山口県防府市）

1976年３月６日生まれ。山口大学経済学部卒業。学校法人大原簿記法律専門学校で簿記・税理士講座の講師を務めたのち、現在代表を務める(株)YKプランニングの母体となる行本会計事務所に入所。会計事務所勤務時代には福岡・広島・山口を中心に200件を超える中小企業の経営計画策定と経営再建、資金繰り支援業務に携わる。会計仕訳データを活用した特許を複数取得し、現在提供している中小企業向けの経営支援クラウド「bixid（ビサイド）」の利便性向上へとつなげている。中小企業を取り巻くネットワークを最適化するため、会計事務所および金融機関とともに“未来予測会計”を推進中。

『Deep Accounting（ディープ・アカウンティング）』出版記念

購入者キャンペーン開催中！

期間中に Amazon などのインターネット書店や書店店頭で
『Deep Accounting（ディープ・アカウンティング）』を
ご購入いただいた方に、
貴重なプレゼントを差し上げます！

以下の QR コードから特設ページにお入りください。

https://pubca.net/cam/deep-accounting/

SUN
RISE

あなたの想いと言葉を
”本“にする
会社です。

サンライズ
パブリッシング

http://www.sunrise-publishing.com/

Deep Accounting
（ディープ・アカウンティング）
「未来予測会計」の数字が経営に革命をもたらす！

2024年7月30日　初版第1刷発行

著者　鈴木克欣
　　　岡本辰徳

発行人　大久保尚希

発行元　サンライズパブリッシング株式会社
〒150-0043
東京都渋谷区道玄坂1-12-1　渋谷マークシティW22階
TEL 03-5843-4341

発売元　株式会社飯塚書店
〒112-0002
東京都文京区小石川5-16-4

印刷・製本　中央精版印刷株式会社

©Katsuyoshi Suzuki, Tatsunori Okamoto 2024 Printed in Japan
ISBN 978-4-7522-9031-5　C0034

本書の内容の一部、または全部を無断で複写・複製することは、法律で認められた場合を除き、著作権の侵害になります。

落丁・乱丁は小社までお送りください。お取り替えいたします。定価はカバーに記載されています。